探尋中國上古神話、神秘的古代傳說

白話故事與諸神圖像，還原遠古神話的奇幻魅力

THE MYTH OF CHINA

中國神話故事

更新版

黃晨淳、廖彥博 編著

滿足夢想的神話故事

多民族共居的古代中國，原始神話在人們口頭傳說中並無一套完整的系統，而是呈現零星片斷的狀貌，分散記錄在各種性質不同的古書中。那麼，為什麼會出現這種現象呢？這就要先說說古代記錄神話的四種人及他們記錄神話時的不同情況。

一種是「巫師」。巫師主要是記錄神話。例如《山海經》就是一部以巫師為主記錄神話的結集。此書的神話部分最接近原始神話本來的面貌，也最值得相信。但是，《山海經》是以圖畫為主的，文字只不過是做為圖畫的說明。原因是巫師在法堂上對著圖畫舉行法事時，人們一看圖畫便已知道平時所熟悉之神話故事的大要，用不著文字做詳盡說明，所以《山海經》記錄的神話多疏略且隨圖畫的變換而自成片斷。

另一種是「歷史家」。歷史家取上古神話來充實自己的歷史，這在古代是不分中外皆然的。古時的歷史家，把神話當歷史抄了下來，雖說多少會改動幾處，大概不至失去原貌。而後來的歷史家，便會捧著這些由神話轉變的史料，放手去刪改，結果成了看來尚可示人的歷史，但實際上已非真歷史，也失去了神話的原味。

再一種是「詩人」。從西周到戰國末年，詩人們的詩作中，也記錄了不少神話的片斷。這些經詩人記錄保存下來的神話，雖然也是零星片斷，卻彌足珍貴，因為詩中敘寫，但有文學上的渲染，卻少任意修改，比歷史家和哲學家寫的更可信些。

最後是「哲學家」。大約因爲神話本身具有寓言的性質，比如人們熟知的「大禹治水」、「女媧補天」、「精衛塡海」、「后羿射日」和「刑天舞戚」等故事，它們的浪漫和擬人化都讓哲學家喜歡藉它來說理。如墨家的《墨子》、法家的《韓非子》等書中，都記錄了不少神話的片斷；而《莊子・逍遙遊》中飛騰的鯤鵬、藐姑射神人、怪人支離疏、叔山無趾等，幾乎都是根據遠古神話而塑造出來的。

中國古代的神話傳說另有一種特色，那就是記載神話的典籍，如《山海經》、《楚辭九歌》、《淮南子》等的文字都較艱澀難懂，以致現代讀者不容易體味它的有趣。其實老掉牙的中國神話中也有比電影「ＭＩＢ」、「哈利波特」或是「魔戒」更炫的天外來客、異邦奇獸等奇幻情節，比如《山海經》，不少中外的專家學者就認定，一旦徹底破譯書中之謎，那麼，陷於層層迷霧中的、沒有信史記錄的史前社會，也會跟著昭然若揭了！

本書的編寫就是針對這些特點而發，不僅要把中國古代的傳說神話做較有系統的介紹，同時更希望把乾澀的文字通俗化，使更多人能夠欣賞並瞭解中國神話的美妙與精彩，而不至於想到神話傳說就會聯想到宙斯、阿波羅或特洛伊等希臘神話。

爲了讓讀者體會中國神話之酷、之美，我們除了在文字上力求簡明之外，又蒐集了許多精美的圖畫。這些圖畫一方面可以增加趣味，幫助讀者瞭解神話傳說的內容，同時也可以使讀者們藉此認識更多的中華文物。

至於本書章節的安排乃採次序如下：創世神話、自然現象神話、超自然信仰的神話、神仙與鬼怪的異想世界、動植物傳說，以及古史中的英雄傳說。這樣的章節次序安排也許與一般敘述神話傳說方式的傳統不盡相同，而且在年代的序列上、故事情節的發展亦有不連貫之處，但神話不同於歷史的特點亦便在於此。正如著名的神話學家坎伯所說的：「神話是眾人的夢，是溝通意識與無意識的橋樑……它是一種和夢相似的象徵符號，激發並支配人類的心理力量。」

文學大家王文興先生曾說：「一百年前，在相信鬼神的時代，我國人是幸福多了！」的確，這樣的時代，資訊傳播之快速，眞可說是電光泡影，隨起隨滅。而人心看似熱烈，其實冷漠。熱烈只是暫時滾沸的非理性情緒，而非恆常的理性關懷。因此，每日在媒體上秀著的人們，輸也好、贏也好，榮也好、辱也好，看熱鬧者雖多，但不到兩天便雲煙散滅，誰也不記得誰，大家又趕著看另一場熱鬧。最後，歷史終會證明，只有對人性永恆價值做出些貢獻的人，才能取得永久發言權。

還是讀讀神話吧！剝開神話看似荒誕不經、不合邏輯的外衣，你將發現蘊含在其中的漫漫平靜，而我們在世俗宇宙中永遠無法攫取的理想與願望，也將得到滿足與導引。

歡迎你進入中國神話的異想世界！

目錄

CONTENTS

第一篇 創世神話

第二篇 自然現象神話

第三篇 超自然信仰的神話

第四篇 神仙與鬼怪的異想世界

第五篇 動物的神話與傳說

第六篇 植物的神話與傳說

第七篇 古史中的英雄傳說

第一篇

創世神話

女媧赴四方拔取蘆柴，搬運至天的裂口下方，堆積如山，高與天齊；接著去尋找與天一色的青石……趁崑崙山古森林的大火還沒熄滅，從那裡抽出一棵帶火的大樹點燃蘆柴，火焰忽地竄起，照亮了整個宇宙，崑崙山上的紅光頓時黯然失色，那五色石都被燃得通紅。

一、盤古開天闢地

天地還未分開的時候，宇宙的景象僅只是黑暗渾沌的一團，像一顆大雞蛋，盤古就孕育在這顆大雞蛋裡頭。

某天，時機成熟，蛋破而盤古出自其中；同時這顆蛋又分裂爲「混濁」和「清純」兩部分，「混濁」部分沉沉下降，形成「地」；「清純」的部分，則冉冉上升，變成了「天」，盤古便生長在這「天」與「地」之間。

以後每天，「天」向上長高一丈，「地」向下增厚一丈，盤古也每日長高一丈，同時因盤古一直頂在「天」和「地」之間，「天地」間的距離也就日差一丈。如此

「天日高一丈，地日厚一丈。盤古日長一丈，如此萬八千歲……」盤古開天闢地的故事，最早記載於三國時代吳國人徐整所著的《三五歷記》中，可惜此書已經散佚。

經過了一萬八千年，盤古這個巍峨的巨人，就如一根巨柱撐在天與地的當中，不讓它們有重歸於黑暗渾沌的機會。

他孤獨地站在那裡，又不知經過了多少年代。到後來，「天」已非常高，「地」已非常厚，「天」和「地」的構造已相當鞏固，盤古終於完成了開天闢地的工作，但他沒有像西方的神一樣地在雲端享受他所創造的世界，而是像無數後世勞苦的大眾一樣，貢獻完了自身勞力以後，平凡地倒在自己的土地上。

盤古死了，但他口裡呼出的氣息化成了大地上的風雲，他的聲音造成了空中的雷霆，他的左眼衍化成了太陽，右眼變成了月亮；他流下的血和淚，化爲大地上的長江大河；他的肌肉化爲生長五穀的土壤，皮毛化爲人間的草木，汗流成了雨澤，髮髭化爲天上閃亮的星辰……經過千萬年孤獨生涯的盤古，以他整個生命以及他的垂死之身，獻給了他用雙手劈開的世界。

傳說在南海之中有盤古墓，這座墓橫亙三百里，葬的是盤古的魂；南海之中又有盤古國，國人至今都以盤古爲姓，這個傳說的起源當是後世中國人爲了感念和追悼開天闢地的盤古而產生的。正如同盤古神話的起源，定是在遠古時代有無數華夏先祖們拿著斧頭和鑿子，篳路藍縷，在山林水湄之處，用他們的雙手爲子孫後裔建立安居樂園，由此而推想到更遠古時代必有爲人類開天闢地的盤古吧！盤古之墓未必眞實存在南海之中，但無數後世中國人的心中卻埋有盤古之墓，在那裡，安息著盤古的魂。

神話中的盤古是掙扎在黑暗渾沌之中的神，也是掙扎於黑暗環境中的人，他的身體化爲三山五嶽、日月星辰，因此人間的大地上，山嶽是他，河流是他，他是永恆的存在，他是神性與人性的結合，也是古代到後世無數以自己雙手開闢一番天地的中國人之投影。

二、女媧造人補天

天地開闢之後，這個新誕生的世界雖然豐富而美麗，但世間卻寂靜又荒涼。時光流淌了不知多少年、多少代，大神女媧終於從亙古中醒來。她在天地間行走，覺得孤寂而無聊，才發覺這個世界上少了人類！

摶土造人

造物神女媧，遂開始以黃土混水爲原料，用

在神話裡盤古的身體化為日月星辰、三山五嶽，也有人認為盤古是由伏羲的傳說所演變而來。

蛇身大神女媧用泥團摶土造出一個個人，並讓人們婚配繁衍。

手一個個地捏出許多泥人，然後吹口氣就成了活生生的人，但是一個個的捏畢竟太麻煩，女媧乾脆就牽了條繩子於泥中，然後把繩高舉，使泥漿順著繩滴落，一滴滴的泥團形成一個個的人；這種方法固然方便迅速許多，但所造出的人，終究無法與先前手捏的一批相比。那些用手塑造的，精巧而細緻，女媧令他們成爲富人與貴人，那些舉泥繩而成的，則令他們成爲平庸之流與窮人。

大地雖然已經有了人類，但人類是會死亡的，於是女媧又考慮著，怎樣才能使人類繼續繁衍下去？她將男人們和女人們配合起來，教他們創造後代，人類的種子就這樣地綿延下去。

女媧因爲替人類建立了婚姻制度，使男女們互相婚配，便成了人類最早的媒人，所以後世將女媧奉爲神媒，也就是婚姻之神。據說女媧爲了在男女歡會中產生媒介作用，於是發明了吹奏樂器——笙簧，以便男女於郊外歡會時進行吹奏，令人增添歡悅，激起心中的感情波濤，從而達到男女交媾、繁衍後代的目的。

煉石補天

女媧造人之後，人們在母神的照護下過著太平的日子。忽一日，天地開始衝撞，繼而天地殘滅，支撐著蒼茫天穹東南西北四個邊角的四座天柱山折斷了，天蓋崩開一條巨大的裂口，地表也爆裂塌陷，烈焰從地心迸發，焚毀森林；洪水自淵底噴湧，漂走山嶺；妖魔鬼怪和惡禽猛獸趁機肆虐，億兆生民陷於水深火熱之中。

此時，女媧聞天下生民呼天求助之聲，發心大願，殺水妖黑龍平息水患，斷巨鱉四足重建天柱，然後進行偉大的補天工程。

女媧赴四方拔取蘆柴，搬運至天的裂口下方，堆積如山，高與天齊；接著去尋找與天一色的青石，由於地上沒有這麼多，只好再煉些白石、黃石、紅石和黑石，放在柴堆上面；趁崑崙山古森林的大火還沒熄滅，從那裡抽出一棵帶火的大樹點燃蘆柴，火焰忽地竄起，照亮了整個宇宙，崑崙山上的紅光頓時黯然失色，那五色石都被燃得通紅。慢慢的，石塊熔化了，似飴糖般流淌在天的裂縫中。待到蘆柴成灰，看天空呈青碧一色，彷彿從未破損過一般。人類獲得重生，大地上又有了欣欣向榮的氣象。女媧此時才感覺眞的累了，她筋疲力竭地躺下，躺在日月星辰之下，躺在青山綠水之上，以後就再也沒有起來過。

女媧補天時，於大荒山無稽崖煉成高十二丈、寬二十四丈的頑石三萬六千五百零一塊，她用了三萬六千五百塊，唯獨剩下一塊未用，棄在青埂峰下。此石自經修煉，靈性已通，因見眾石俱得補天，獨自己無材不堪入選，遂自怨自嘆，日夜悲泣慚愧。不知道度過幾世幾劫，此石有緣得入紅塵，投胎賈府，名喚寶玉，與林黛玉、薛寶釵等在溫柔富貴的大觀園演出一幕幕悲喜交加的《紅樓夢》。

古典小說《紅樓夢》第一回裡提到這個著名傳說，女媧煉石補天時唯獨剩下一塊未用，遂有緣得入紅塵，投胎成為寶玉……

人類的慈母

女媧做完幫助人類的工作，

終於倒下死亡，然女媧的死卻非滅亡，而是像盤古一樣化爲宇宙間其他事物。例如她的一條腸子，便化作了十位神人，住在栗廣之野，他們的名字就叫「女媧之腸」。

另外有一種說法，說大神女媧並沒有死，而是在做完了幫助人類的工作之後，便乘了雷車、駕著飛龍，令白螭在前面開路，讓騰蛇在後面跟隨，黃雲簇擁著車子，天地鬼神都鬧哄哄地隨從在她的座車後面。這樣乘龍駕雲，一直上升到九重天頂，進了天門朝見天帝，把她所做的工作簡略地向天帝做了報告。

此後，她就在天庭裡靜悄悄地住著，像隱士一般，從不表彰她的功勞，也不炫耀她的聲譽。她把這功勞和聲譽都歸之於大自然，她覺得自己不過是順著自然的趨勢，爲人類付出了一點微不足道的努力罷了。正因爲這樣，世世代代的人們，對於這偉大的人類母親女媧，才有如此感念，使她永遠活在眾人的心裡。

三、人類的源起

對於「人類從何而來」的問題，在中國古書上有明確的記載，除了女媧摶土造人以外，尚有多種傳說。

人類始祖伏羲氏

伏羲是中國英雄傳說中最著名的人物，相傳他的母親來自華胥國，有一天到雷澤去玩，看到一個巨大的腳印，遂用自己的腳踩了巨人腳跡，回家以後就懷孕了，後來在成紀之地生下一個人面龍身的兒子，便是伏羲。原來華胥女子所踩的巨人腳印是雷神留下來的，雷神是一個人頭龍身的巨人，因此雷神之子伏羲，自然也是人面龍身。

伏羲的德性高超，能「仰觀象於天，俯觀法於地，旁觀鳥獸之文與地之宜，近取諸身，遠取諸物」，因此，他被天帝授與「河圖洛書」及「八卦」，從此更具有通神明之德、解萬物之情的能力。

相傳宇宙開闢之初，只有伏羲、女媧兄妹倆住在崑崙山，由於那時天下還沒有人類，兄妹倆商議結成夫妻以繁衍後代，卻又自覺羞恥。左右爲難之際，伏羲和女媧便登上崑崙山頂，向天祝告：「如果蒼天希望我們兄妹結爲夫婦，那麼山下雲煙都合爲一處；如果不是，那麼讓雲煙四散飄零。」

伏羲氏，華夏太古三皇之一，為雷神之子，人面龍身，被天帝授與「河圖洛書」及「八卦」。

話音尚在山谷迴響，山下雲煙早已聚合在一起。於是，女媧與伏羲結合了，之後生下一團肉球，他們把這團肉球切成細塊帶著，登上了天梯，忽然一陣風吹來，肉塊隨風飄揚，落到大地上都變成了人。落在樹葉上的便姓葉，落在林間的就姓林；落到什麼地方，便拿那地方的東西名稱當作姓氏。從此以後，世界上就有了人類，伏羲夫婦便成爲人類的祖先。

這則傳說由來已經很久了，所以漢代一些石刻上面，有許多人面蛇身的伏羲、女媧交尾像。

伏羲氏創造了人類之後，又發明「書契」記錄事件，人們再也不必很麻煩地以繩子打成結來做記號，幫助記憶。他也訂下了嫁女兒、娶媳婦的結婚制度與種種儀式，並且規定以「儷皮」做爲禮金的規矩。

◎人面蛇身的伏羲、女媧交尾像。

伏羲氏又被稱爲「宓羲」，這是由於他曾發明了各式各樣大網、小網的編織方法，教導人民用這些網做爲捕魚、獵獸之用，從此打獵捉魚要容易方便得多了！他又想到把飛禽走獸馴養起來，使得桌上的美食不致匱乏，所以又有人叫他為「庖羲」。他還製造了一架有三十六根弦的瑟，弦舞齊飛，使人心怡。他底下的大小官吏都附有「龍」字，大家都認為他是龍的代表，因此又稱他為「龍師」。

傳說伏羲氏建都於「陳」，在位一百一十一年。

漢族的人類起源傳說

有則盛行於河北一帶的民間傳說，認為人非女媧所造而是由盤古造的：當盤古開天闢地的工作完成後，世界上的植物與禽獸漸漸地生長起來，他認為天地間的植物與禽獸等，都是愚蠢無知的東西，沒有一些具靈性的東西來支配牠們、利用牠們，實在是世上的一大缺點。於是，盤古又從事一項工作——造人：他整天用泥做成男、女的塑像，當這些泥人曬乾之後，受到「天」、「地」——「陰」、「陽」之氣的孕育，即可以成為活人了。

盤古很勤奮地塑造了一大堆的泥人，放在太陽底下曬著，正曬得半乾時，烏雲忽然突起於西北天際，眼見即將下雨；盤古深怕費了許多工夫，泥人卻毀於一旦，於是急急忙忙地把他們堆集在一起，用鐵鏟一鏟一鏟地往屋內搬運。可是沒等到他把泥人全運到屋內，大雨已傾盆而降，有一部分的泥就被雨水打濕而殘破了，這些殘破的泥人，就形成了今日的瞎子、聾子、啞巴、跛子、駝子……等身體殘缺不全的人。

不管是女媧或盤古，這兩則造人神話都是說人是由泥人所變成的，而且同時都說明了人生而有富貴、平庸、聰明、愚劣、殘疾之別的原因。下面這個故事則解釋了百家姓的由來……

在很古老很古老的時候，有一對姐弟相依爲命，他們割山上的茅草、砍木柴拿到市集上賣以維持生活，因路遠無法晌午趕回家，姐姐每天都準備些大餅、饅頭之類的乾糧，做爲充飢之用。有一天，他們走累了，肚子也餓了，就在山路旁一塊大岩石下歇腳果腹，姐姐忙著攤開食物，弟弟閒著無聊，就爬到岩石上玩。他發現這塊大石像極一頭獅子半張著嘴，看似非常飢餓，希望有人給它點東西塡塡肚子。弟弟好玩地放了點餅在它嘴裡，它的嘴居然動了起來，把餅嚥了下去。以後姐弟倆，每次經過這裡，總是要拿點東西給石獅吃。

如此過了近半年的光景，在夕陽西斜的時分，姐弟倆背著木柴，又路過石獅的面前。石獅忽然開口說道：「你們姐弟明天不要再去山上割草砍柴了，不久天下要發生大火，萬物皆會燒毀。你們快快回家，多準備些乾糧食物，到我肚子裡避難！」他倆慌忙地趕回家，烙了幾十塊大餅，蒸了數十個饅頭，帶到石獅那裡。石獅張大著嘴，姐弟倆先後走入石獅的肚內。

他倆剛剛躲進石獅腹中，各地馬上野火四起，所有的人、所有的草木、所有的飛禽走獸都全部被燒滅，只剩下一片枯紅的野地。他倆等火熄了，從石獅的肚中出來，這時世間只剩下他們兩個活人了。

此時，他們的餅也吃完了，就四處拾些烤焦的鳥兒、野兔來充飢。正吃得起勁時，忽然從天降下了一位神仙，硬說他倆是夫妻，他們竭力辯白他們是姐弟。神仙見附近有個石磨，就指著上一層石磨對弟弟說：「你拿上一層，到東邊山頭向下丟。」又對姐姐說：「妳拿下面一層石磨，到西邊山頭往下放。如果弟弟的石磨滾到姐姐的石磨上，那你們一定是夫妻，不是姐弟。」他倆只好依著吩咐去做。

果眞姐姐的石磨滾到山下不動時，弟弟的石磨繞著姐姐的石磨亂轉，忽然停了，恰好在姐姐的磨上。他們沒話可說，只好結成夫妻。

一、兩年後，姐姐生下了兩團肉球，一團肉球分化出一百個男子，另一團則衍生出一百個女子。他們的父母將他們配成百對夫妻，每一對都有一個姓，這就是百家姓上所說的一百個姓氏，而這一百對夫婦就是現在人類的老祖宗。

其他民族的人類起源神話

中國其他民族的人類起源神話，同樣豐富多采。

有些原始神話認爲人是從天上掉下來的；例如雲南一帶的布朗族神話說：洪荒時代，世上無人，一天刮起狂風暴雨，天上的東西往下掉，似乎天漏了。這時落下四胎五人，是從天上來的四兄弟。天神在鼓凳上顯出文字標明，阿佤人是老大，布朗族和拉祜族是一對孿生兄弟爲老二，漢族是老三，傣族是老四。

另一個人類來源神話說「人從地出」或「大地生人」，如蒙古、哈薩克、白族、台灣泰雅族等都有這類巨石生人的神話。

滿族則認爲人類起源於柳葉，有一神話說：女眞天母的女陰變爲柳葉，落到人間，生育了人類萬物；柳樹生命力強，最愛生長，柳條插在地上便能萌芽，因而女眞先民把柳葉崇拜爲祖先。女眞後來改稱爲滿族，現在滿人祭祖時，還保有祭柳枝的儀式。

彝族神話說：一棵梧桐樹升起三股輕霧，凝成三股紅雪，雪化冰消，冰凝成骨頭，雪凝成肌膚，風凝成呼吸，雨凝成血液，星星凝成眼睛，變成雪族十二支子孫，即蛙、蛇、鷹、熊、猴、人，此乃六種動物，還有六種植物。從此，世間才有了人類和各種動植物。

苗族神話說：蝴蝶從楓樹心孕育出來之後，跟泡沫婚配，生下了十二顆蛋，這些蛋孵化出人、獸、神；黎族神話則說：雷公認爲海南島思河的山洞，是繁殖人種最好的地方，便帶來一顆蛇蛋放在這座山中。後來，雷公轟破蛇卵，從卵殼中跳出一個女孩子，即爲黎人的始祖——黎母。

第二篇

自然現象神話

眼看著就要追上織女了，可當孩子們伸手正要牽住織女衣袂的時候，忽然半空中伸出一隻巨大的手——原來是天帝的妹妹西王母著了急，拔下她頭上的金簪往空中一劃，說也奇怪，在牛郎和織女之間就出現了一條波瀾滾滾的大河……

一、太陽神話

每天一大早，太陽神身穿青衣白裙，坐在由六頭蛟龍所拖曳的太陽車上，車圍四周插滿了雲旗，在雷聲助勢下，浩浩蕩蕩地展開巡行。一路上，瑟、鼓、簫鐘、瑤簴、竽等樂器吹奏著，眾神唱頌著詩歌，群巫翩翩的舞姿不停地輕擺於旁側。

太陽出巡

東南海之外，甘泉之間，有羲和之國，有一女子名叫羲和，是帝嚳的妻子、太陽之母，生有十個兒子，也就是十個太陽。

太陽的母親和太陽們住在東方海外的湯谷。湯谷是東洋大海中的一塊水域，因太陽天天在此洗浴而滾熱如沸湯，故得名。湯谷內，有一株同

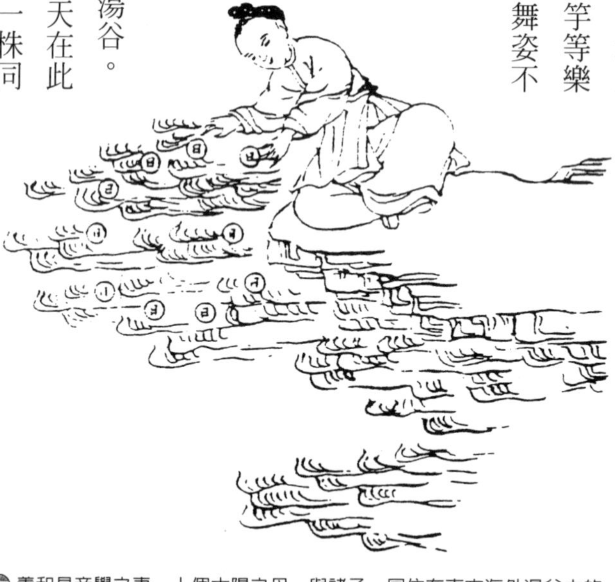

羲和是帝嚳之妻，十個太陽之母，與諸子一同住在東方海外湯谷中的一株扶桑樹上。太陽女神羲和每日駕著車子載著太陽兒子由東向西運行。

根偶生、兩幹互相依倚的扶桑樹。十個太陽有九個泡在樹下水裡，一個棲於樹上，輪流值班，一個回來了，另一個才出去。

每次出勤，都是由太陽女神羲和駕著太陽車，載著太陽兒子由東向西運行。當太陽在湯谷裡洗完了澡，升上扶桑樹時，叫作晨明；升至扶桑樹頂，登上母親預備好的太陽車，將要出發時，叫作朏明；行至曲阿，叫作旦明；行至曾泉，叫作蚤食；走到桑野的時刻，稱爲晏時；行至衡陽時，謂之隅中；行走到昆吾，叫作正中；來到西南的鳥次山時，叫作小還；以後每經過一個重要的地方，都有一個代表時間的名目。

羲和將兒子送到悲泉，剩下的一段路要讓太陽自己行走了，可是做母親的不放心，定要坐在車上，看著愛兒走向虞淵，進入昧谷。等到最後幾縷陽光灑上昧谷水濱的桑樹梢，她才駕御空車，伴著清涼的夜風，穿過繁星和浮雲，回到東方的湯谷，準備伴送第二天出勤的兒子，再開始新一天的行程。

夸父追日

在極北的大海之中，有一座大山叫作幽都之山。這座山所有的東西都是黑色的，山上有黑鳥、黑蛇、黑豹、黑虎和黑狐狸，連山上的人也是黑色的，叫作「原邱之民」，他們在這裡建立的國家叫作「大幽之國」。

《山海經》記載著立志追日的巨人夸父，他雙耳掛著兩條蛇，手中也經常把玩著兩條巨蟒。

這是一個終年不見陽光的黑色世界，也是地上活人死後去的幽冥世界。守住通往幽冥世界關口的，是個叫土伯的神。這個神乃是一個高大的巨人，虎頭蛇身，頭上有三隻眼睛和兩隻銳利的角；他是后土神的部下，后土也就是這個幽冥地獄的王。

於此間居住的是一群黑色巨人，他們巨大的程度是只要伸一隻腳到船上，就佔滿了整艘船而使船沉入大海。他們住在大海中，幽都裡一個叫作「成都載天」的山上，山上有大人之堂，也有大人之市。

在這群巨人之中有一個巨人叫作夸父，他是幽都之王后土的孫子，后土的兒子叫作信，夸父就是巨人信的兒子。這個夸父有兩隻碩大的耳朵，耳朵上掛著兩條很粗大的蛇，他的手裡也經常把玩著兩條巨蟒，他有兩隻巨大的腳，腳上有長長的腳毛，也就是一般所說的「飛毛腿」。

夸父是很孤獨的，他經常蹲在大海中的大人山上，張著他兩隻巨大耳朵聽海上颯颯的狂風和憤怒的海嘯，看著太陽從東邊升起，西邊降落。太陽神是個外形英俊的美少年，他駕著白色馬車，從大海中的大桑樹出來，在天空運行一周，再回到海中。

巨人夸父心想：「我是幽都之王后土的子孫，爲什麼不能像太陽一樣在天空中旅行，我爲什麼要每天待在這黑暗汪洋中？」

於是，有一天，當太陽穿著白衣攜著弓箭，駕著白馬車出現的時候，夸父倏地站起，邁開了大步，在太陽背後奔跑，他要捉住這個驕傲的美少年。

太陽一看自己背後出現了一個魁梧的巨人，知道他就是每天蹲在海中弄蛇的夸父，於是快馬加鞭，白色太陽車遂像箭似的向前飛駛。夸父吼了一聲：「跑什麼？」腳下瞬息間越過千山萬水。

發出灼烈白熾光線的太陽車駕，奔馳到悲泉，太陽一如往常的翻身躍下車，往虞淵奔

成語「夸父逐日」即是出自於夸父不自量力去追趕太陽，卻渴死於路途中的上古神話。

去。可是，與往常大不相同的，此時後面已多出了個巨大的身影，那就是夸父。頭一次，與天空中燃燒的太陽如此接近，被一片強烈光亮照得睜不開眼，夸父興奮異常，伸開了雙臂，想要捕捉太陽。可是就在此刻，一股無法抗拒的焦渴之感向他襲來，全身上下的細胞，彷彿再也沒有任何水分的潤澤，就要乾癟而死。

「我要喝水，要喝水！」腦海裡一生出這個念頭，夸父馬上轉身大跨步往狂奔找水喝。那挾帶黃沙、泥沙俱下的滾滾黃河，發出轟隆隆吼聲，夸父焦渴發燙的雙唇，一碰觸到冰涼河水，頓時之間升起了巨大的蒸氣煙霧，遮蔽了半個天空。

原來浪滔滾滾的黃河，轉瞬之間竟被夸父一飲而盡！然而一整條黃河之水，還是沒辦法撲熄夸父肚中的飢渴之火，於是他一個跨步，轉身牛飲渭水，剎那間渭水也很快進了夸父的肚子。

可是，還是渴啊！還是想喝水啊！夸父知道，雁門山以北還有一個大湖泊，名叫大澤，聽說那裡碧波連天，幅員千里，一望無盡，是鳥類生養雛鳥、換羽之地。夸父掙扎著想要到大澤，一解他的焦渴，他還要繼續追逐著日頭。就差這麼一步，怎麼能夠放棄！可是，他焦燙而疲憊的身軀，卻再也無法挪動了。

在太陽餘暉的襯托下，夸父如山般巨大的身影，慢慢地頹倒了，再也沒能爬起來。夸父畢竟沒能追上天空中挪移的太陽，卻付出了他的生命。他巨大的身軀化作塵泥，而隨身攜帶的木杖棄置在地，日久年深，卻長出了一株株桃樹，樹上結出纍纍的果實，供趕路之人遮蔭解渴。這，應該是一個追求理想、至死無悔的人，所留給後世的一份遺澤吧。

后羿射日

帝堯時代，每天日出而作，日落而息的人們，一定不會忘記這一天：那天，比起平常，時間早了許多，不知亮了幾倍的光線射入人們茅草、木石搭建的屋舍裡，頓時之間一片燥熱。不明究柢、又渾身油汗的人們跑出低矮的屋簷，手搭涼棚，抬頭望著天空。

不看還好，一看可不得了！天空中竟然有十顆太陽！有些膽大不怕眼盲的人，還看得出在這一片眩目的白光裡，彷彿有十隻三足金烏，正在歡快地玩耍。他們所散發出的光和熱，像熊熊烈火一樣，焚燒著人間大地。原來是太陽少年被夸父的追逐嚇到了，改了獨自值日的習慣，一塊兒出來，結伴巡行兼玩耍，任憑帝嚳與羲和怎麼勸阻也無效。

人們最痛苦的時候到了：天空沒有半點雲朵的痕跡，地面一絲水汽也無，本該耕田勞作的男人萎頓倒地，本該煮飯洗衣的女人輾轉哀嚎；母親無乳可哺，老人乾渴致病；家禽紛紛倒斃，大地早已龜裂，作物全都枯死。窫窳、鑿齒、九嬰、大風、修蛇、封豨這些窮凶極惡的猛獸，不耐燥熱高溫，紛紛出來侵擾人間。可是，就算牠們咬斷了無助人類乾涸的喉管，也早已喝不到鮮血。在一片閃耀的金光底下，所剩下的竟然只是炎熱，還有死亡。

身爲人世間的統治者，堯焦急痛心的淚水早已流乾，或者，他也乾渴得再也擠不出淚水了。在他撕心摧肺的哭聲裡，堯仍不住喃喃地向天帝祝禱：「蒼天蒼天，何時能解救我子民脫離苦難？」

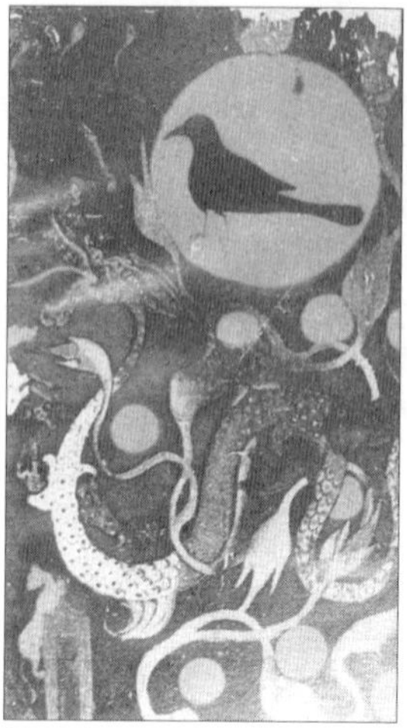
西漢帛畫：十日並出。相傳太陽之中有三足烏，所以稱太陽為「金烏」。

高居九重天闕的天帝，終於聽見了人間的悲啼哭聲，祂派出麾下的神箭手羿，下凡來爲民除害，剿滅惡獸，嚇阻太陽肆虐。

羿身形高大，虎背熊腰，目如朗星，他帶著美麗的妻子嫦娥，下凡來到人間。羿見到了堯，在堯那乾涸得通紅而流不出半滴淚水的眼神裡，他明曉一切的禍端，都歸於天空中只顧戲耍玩鬧卻危害天下萬物的太陽們。

羿耐受著強光高熱，縱馬飛馳，來到滿布枯骨與廢墟的荒原中央。沒有風，大地一片寂靜，只有金輝閃耀的光芒之中，偶爾傳來三足金烏們如悶雷般「轟隆」的騰蹈嬉鬧聲。

羿從箭袋裡掏出一支銳利的羽箭，他屏息凝神，丹田之中深吸一口氣，張弓搭箭。弓滿，箭出，瞬間沒入一片耀目強光裡。

過了一會兒，一聲又像雷吼又如哀嚎的轟隆巨響，劃破了寂靜。一隻巨大金羽怪鳥從天空中墜落，像一道流星，撞毀

十金烏（太陽原形）高據扶桑枝頭，為禍大地。

后羿射日的神氣模樣。

在本是湖泊的窟窿上，掀起了漫天煙塵。這是羿射落的第一隻金烏。牠流淌出的鮮血，蒸發而爲雲氣，人間又有了雨水。

滿天的煙塵，震耳的雷鳴，羿像是張目不見，充耳不聞。他只是反覆地做著同樣的動作：深吸一口氣，張弓，搭箭，弓滿，箭出；張弓，搭箭，弓滿，箭出。金烏紛紛墜落，只剩下一顆太陽，瑟瑟地向地面哀懇求饒。

羿毫不理會，繼續伸手取箭。這時，一隻手阻止了他——是堯。不知何時，堯和百姓們來到了羿的身後。

堯對羿說，十日當空，固然不可，但若十日皆落，百姓就將陷於永夜，作物莊稼也難以生長，請英雄高抬貴手，饒了最後一隻金烏性命，日後命牠規律升落，再不得造次便是。

羿轉過頭來看了看堯，仰起頭看了看藍空。凝視著僅餘的太陽片刻，才聽到耳畔響起的群眾歡呼與讚賞聲，於是他得意地笑了，收起了他的弓。

經過后羿這位神射手的努力，天下終於恢復原狀，草木繁茂，穀物豐收，百姓也得以安居樂業了。

二、月亮神話

西北大荒之中，有一座山名叫「日月之山」。這座山是天樞之地，有一個女子正於此地給月亮洗澡，這個女子乃是帝嚳的妻子，名叫「常羲」，她生了十二個漂亮的女兒，也就是十二個月亮。

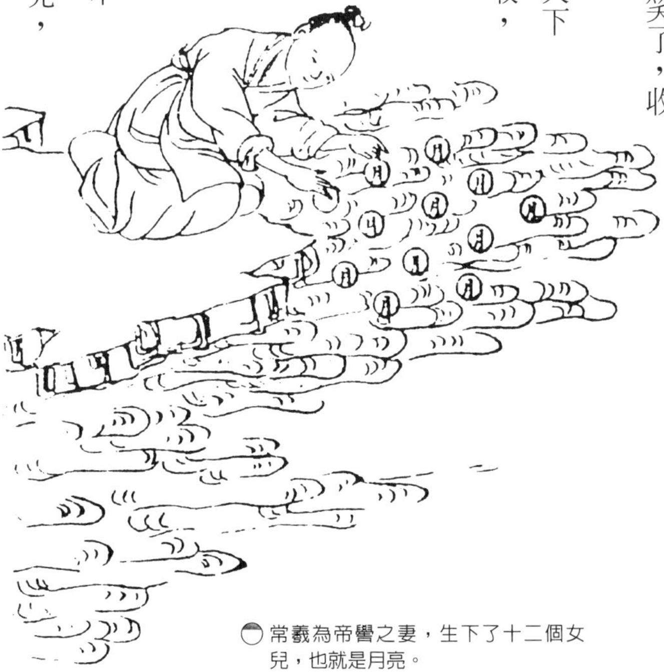

常羲為帝嚳之妻，生下了十二個女兒，也就是月亮。

后羿射日之圖。后羿怎麼也想不到自己的英勇行為解救了黎民百姓，卻救不了自己將面對的死神威脅。

當太陽回到大海以後，御手「望舒」便駕著一種祥瑞所拖的車，由大隊人馬簇擁，載著婀娜多姿的月亮穿過天空，巡行四方。

嫦娥奔月

帝嚳的十個太陽兒子，一下子被羿射死了九個。天帝在悲慟之下，革除了羿的神籍，和他一起下凡的妻子嫦娥亦受連累，從此不能再上天庭。

羿料想不到他冒險爲人類除害，竟得到這樣的結果。而嫦娥原爲天女，如今卻被降爲凡人，怎麼想都不甘心。羿時常被妻子抱怨和責怪，夫妻的感情開始出現了裂痕。

但夫妻倆懼怕的倒不在於上不了天，而是憂慮將來死後若到地下幽都與那些黑色鬼魂住在一起，將過著愁雲慘霧的生活。這不但可怕，而且可恥。做爲天神的他們，怎麼可以伴隨鬼魂呢？可是死神的腳步，卻一天天地迎面而來，使勇武的羿也沒辦法不心驚。

後來聽說崑崙山的西方，居住著一位名叫「西王母」的神人，她藏有不死之藥，吃了這藥就可以永生。羿決定不管道路的艱難和遙遠，準備向西王母求取這不死仙藥。

西王母是個長著豹尾虎牙而善嘯的披髮怪物，名叫戴勝，乃掌管天災、瘟疫、刑罰、殺戮的怪神。畢竟災疫和刑罰都攸關著人類生命，她既可以奪取人的生命，當然也就可以賜予人生命，因此傳說她藏有不死仙藥。

不死之藥，西王母確實是有的。只是西王母住的地方，卻非凡人所能到達。她有時住在崑崙山的瑤池旁；有時住在崑崙山西方盛產美玉的玉山上；有時她更住在大地的西極——太陽落山的崦嵫山上。她經常居無定處，要找她相當不容易。單說崑崙山頂吧！平常人

崑崙山頂的西王母，西王母是中國古代最早的女性神祇，又稱王母娘娘、瑤池金母。傳說她擁有不死仙藥，服之可以長生不老。

根據《山海經》的記載，西王母是一個長著豹尾虎牙而善嘯的披髮怪物，名叫戴勝。此與後來小說和戲曲中提及的造形，差距頗大。

就很不容易攀登上去，因爲崑崙山底下環繞著弱水深淵。這弱水，一根羽毛掉在上面都會沉落，更不用說是乘船載人了；崑崙山外部，又環繞著炎火大山，大火晝夜不息，無論什麼東西一碰著就會燃燒。所以人們雖傳說西王母有不死仙藥，卻始終沒有一個人能得到這寶貴之物。

羿靠著他餘剩的神力和不屈的意志，居然闖過水火的包圍，登上了崑崙山頂，看見長有四丈的稻子和那九頭的守門明獸。這地方之高，據說有一萬一千里，要不是羿，誰也甭想到達這個地方。

很湊巧地，羿正好遇見西王母住在瑤池近旁的巖洞裡。當羿把來意向西王母說明後，西王母對有功於人間的英雄羿之不幸遭遇極表同情，就叫她身邊的三足神鳥把那裝有不死藥的葫蘆替她啣來。西王母接過葫蘆，鄭重地交給羿，說：「這藥足夠你們夫妻兩人一同服用而不死，倘若一個人吃了，就還有升天成神的希望。」臨別前她更殷切叮嚀羿，要好好保藏，因爲這是所剩的藥，除此之外再也沒有了。

羿高興地把藥帶回家，給妻子保管，擇一個節日兩人同吃。他並不想再升天，因爲天上人間其實是一樣的，只要不到地獄就滿意了。但他的妻子卻不這麼想。她想自己原是天上女神，如今不得上天，全是受了丈夫的連累，照理他該償還她當女神的機會才是。

於是嫦娥趁著羿不在家的一個晚上，把葫蘆裡的藥倒出來，全數吞下肚裡。奇事果然發生了，嫦娥覺得她的身子漸漸變得輕飄飄的，腳和地面脫離開來，終於不由自主地飄出了窗口。外面是夜晚的藍天，灰白的郊野；天上有著一輪皓月，嫦娥一直飄升上去……

但是到哪裡呢？她思忖著：假如到天府，定會被眾神恥笑，說她是叛離丈夫的妻子；且萬一丈夫設法找到天府去，也很難對付。看來只有到月宮裡暫時躲藏較爲穩當了。主意拿定，她就一路奔向月宮。

那天晚上，羿從外面回來發覺妻子不見了，而地上卻扔著一個空無所有的葫蘆。羿明白了這是怎麼一回事。憤怒、失望、悲哀絞痛了他的心，他閉緊了嘴唇，愣愣地望著窗外。在這星月交輝的天空，他的妻子已離棄了他，單獨尋找她幸福的樂園去了。

在崑崙山頂看守的九頭怪物開明獸。

月桂、玉兔與蟾蜍

嫦娥奔月後究竟變成什麼？古老一點的神話說，嫦娥化身爲蟾蜍了。《繹史》引張衡的〈靈憲文〉中說，嫦娥在吃后羿的不死藥之前，曾經找了一個叫作「有黃」的方士爲她卜卦，卜一卜前途的凶吉，有黃告訴嫦娥：「翩翩歸妹，獨將西行，逢天晦芒，毋驚毋恐，後且大昌。」於是嫦娥就吃了仙藥，飛入月中了，結果卻化爲一隻蟾蜍。

嫦娥化身蟾蜍的神話，似乎是後世對叛情嫦娥所施的懲罰吧？在古代以男性爲中心的社會裡，這種透過神話對背叛丈夫的女人做一懲罰，也是不難想像的。

後來的傳說便較寬容些：奔入月中的嫦娥還是嫦娥，並未變成別樣奇怪的動物，只不過月宮裡的冷清卻是她先前一點也不曾預料到的。裡面除了一隻終年在那裡搗藥的白兔和一株桂樹外，什麼也沒有。直到許多年以後，才又添了一個吳剛。

吳剛是一個樵夫，西河人，醉心於仙道，一心想成仙，卻不肯虛心努力學習，因而觸怒了天帝。天帝把他貶入寒冷淒寂的月中，命他砍倒月中桂樹以補其過，但桂樹已由仙人施以仙術，被砍過的傷痕馬上就會癒合。吳剛永遠砍不倒桂樹，卻不

傳說中吳剛觸怒天帝，而被罰於月中伐一株砍不倒的桂樹。

能放棄希望，必須日日年年不斷地舉斧砍桂。

以後，嫦娥經過後世詩人的聯想，成了中國千古以來最寂寞的女人：「嫦娥應悔偷靈藥，碧海青天夜夜心」（李商隱〈嫦娥〉）、「青鳥去時雲路斷，姮娥歸處月宮深」（劉禹錫〈懷妓〉）等唐人詩中的嫦娥，已經是現實世界中無數寂寞女人的共同投影了，天上有守住千年寂寞的奔月嫦娥，人間也有無數爲了執念於一份情愛而叛走的女子。

三、星辰神話

考察《尚書》、《詩經》等書冊關於古代天文現象的記載，可以知道中國的天文學實是非常發達的，西元前一世紀左右寫成的《石氏星經》中已經有了一二六星座的紀錄；同時有《史記・天官書》把星象分成中宮和東、西、南、北宮的紀錄情形，以及在西元前後左右興起的讖緯說。在在都證明了古代中國的天文學與由天文學發展成的占星術十分發達，因此使得中國關於星辰的神話傳說寥寥無幾。

星星的起源

從太古人類的角度看，日、月、星辰都在「天」上，俱能發光，所以他們常常把這三者的起源放在一起講，許多日、月起源神話都含有星星來源內容：

瑤族有則神話說：遠古時候只有太陽，沒有星星和月亮。後來，出現了一個七零八落的月亮，有個名爲雅拉的青年用箭將其稜角射掉，這些掉落的稜角就變成了星星。

藏族神話則說：古時天上只有太陽和月亮，有一位百餘歲的老父親，令其九個兒子出去尋找寶珠，他們每人尋得九九八十一顆，於是老人乘著仙鶴把這些寶珠掛到天上，從此天上有了星星，老人也化作一顆最亮的啓明星（金星別稱）。所以藏族又把啓明星稱爲老人星。

海南島黎族也有類似的神話：古時洪水過後，天上出現了五個太陽，山豬把其中四個咬碎，便化爲滿天星星。

此外，還有一些只講某一類星或某顆星來源的神話。漢族有則神話說：古時西北部有個龍部落，首領叫龍主，他在帶領部落遷徙時被白熊吃掉，但他的心飛到了天上，變成北極星，爲他的族人繼續指點方向。

滿族神話則說北極星是：有個叫烏蘇里的老人救了一條泥鰍，泥鰍告訴他即將發大水，讓他上山躲避，但此消息不能外傳，否則就會變成一股青煙。老人爲拯救全村村民，終於把水災即將到來的消息告訴了大家，於是老人化爲一股青煙升天，後來又化爲北極星。這顆星星就像老人慈祥的眼睛。滿族在祭祖時一直都有祭祀北極星的習俗。

北極星與參星、商星

古代中國人的星座觀念是以北極星爲中心而形成了一種天上宮廷政府的假想，古代的占星術就是以此天上宮廷政府的帝星（皇帝）爲中心，而觀察其他各星的動態藉此預測國家的命運和農業上的豐穰或災害。古代中國人並且把形成世界的五種元素木、火、土、金、水的五行思想和五惑星相配合，用來和人類的德、色、味、聲、位（方向）以及神話中的上帝相對應，用五行相生相剋的終始循環現象來解釋人間四時季節推移、王朝興衰代謝等具體現象，這種五行與天文現象結合而成的思想，對於中國的占星術、巫卜、律曆、醫術、雜占、民間信仰有莫大影響。

現存的星辰神話中，比較有名的是關於北極星的傳說，北極星又被稱爲北辰或天極星，北極星在古代人的想像裡乃是天帝所居，四顆星中最明亮的一顆是「太一」，太一就是玉皇大帝。其他的三顆星則是天上三公，相當於人間的太師、太傅、太保。道教流行之後，北極星又成了道教至高神——太一眞君，漸漸成爲中國人思想裡的神聖星辰。

另一則星辰神話是參星與商星。杜甫詩中所說「人生不相見，動如參與商」，就是由這個參商星辰神話而來的。參星是冬天晚上出現在東方的三顆星，即是希臘神話中的獵戶座（Orion）。商星是夏天晚上出現的紅色星，是西洋人所說的天蠍星（Scorpion）。因爲這兩顆星不在同一時間出現而且顏色不同，古代的中國人把它們想像爲兩個感情不好的兄弟，這兩兄弟都是天帝帝嚳的兒子，哥哥叫闕伯，弟弟叫實沉，兩兄弟住在曠野中，每天拿著刀劍互相攻伐，後來他們的父親生氣了，就把哥哥遷到商丘，命他管理東方晶瑩明亮的三星；三星，又叫心宿，也叫商星，是情人們的星，它象徵愛情像心一樣地貞固；商丘也是後來商國建國的地方。

帝嚳又把弟弟實沉遷到大夏，命他管理西方的參星，大夏是後來唐國的建國地，以後晉國又繼唐國興盛了起來，所以參星也叫晉星。就這樣，兩兄弟永遠再不能相見了。

牛郎與織女

在中國少數的星辰神話裡，最爲一般民間大眾熟悉喜愛和信仰的，應該是牛郎織女傳說了。

在天上不停織著天衣的織女。

在民間流行的牛郎織女傳說是在魏晉以後，經過一段漫長時間而逐漸形成的，因爲乏人記載，所以從古以來相傳有許多版本。但主要皆以七夕相會、使鵲爲橋的戀愛悲劇爲基礎，流行較廣泛的傳說是這樣的：

天上銀河的東邊住著一位仙女，她用神奇的絲在織布機上織出了層層纍纍的美麗雲彩，隨著季節更迭而變化著它們的顏色，叫作「天衣」。穿著這種天衣就可以自由地來往穿梭於天上和大地之間。織女上頭還有六個姐姐，織女是其中最美麗的一位。

在大地上有一位年輕的牧牛郎，他父母早死，常受兄嫂的虐待。後來被兄嫂不公平地分家，只得到了一頭殘弱老牛，年輕的牧牛郎就和老牛相依爲命地過著寂寞貧窮的生活。

有一天，老牛忽然口吐人言，告訴牛郎說天上的織女們將到大地上的河裡去洗澡，教牛郎趁她們洗浴時去偷織女的天衣，這樣織女就不能上天而可做牛郎的妻子了。

那一天，織女果然和她的姐姐們來到河裡洗浴。牛郎從蘆葦裡跑出來，自青草岸上奪走織女的衣服，其他仙女們都因爲這位陌生男子的出現而急忙地穿上天衣跑了，留下被搶走衣服的織女。牛郎央求她做他的妻子，織女答應了，兩人於是結爲夫妻。

婚後，他們男耕女織，生活過得相當幸福美滿，並且生了兩個孩子。夫妻原以爲能夠在人間終生廝守到白頭，然而仙女和凡人的戀愛悲劇終究不可避免地發生了。天帝得知織女擅自和凡間的牛郎結婚，憤怒不已，所以派遣了天兵天將把織女捉回天庭問罪。

牛郎回家，發現織女已經不在，只剩兩個哭泣的孩子。這時候那頭老牛對牛郎說：「凡人是不能上天的，只有一個辦法你可以上天，就是把我殺了，剝下我身上的皮披在身上。我已是不能工作的老牛了，感謝你還那麼仁慈地養著我。現在，請你趕快殺了我吧！這是我唯一能報答你的事了。」

牛郎無論如何都不忍心殺了這頭為他工作一輩子的老牛。最後老牛為了牛郎，自己撞頭死了，牛郎只得悲痛萬分地剝下老牛的皮披在身上，用籮筐挑起了兩個孩子便上天去。眼看著就要追上織女了，可當孩子們伸手正要牽住織女衣袂的時候，忽然半空中伸出一隻巨大的手——原來是天帝的妹妹西王母著了急，拔下她頭上的金簪往空中一劃，說也奇怪，在牛郎和織女之間就出現了一條波瀾滾滾的大河……

對著面前的滾滾銀河，牛郎的小女兒說：「我們用瓢來舀乾這河裡的水吧！」於是父子三個就開始這樣一瓢瓢地舀著滔滔銀河的水……如斯堅定的愛情和親情終也感動了天帝，於是允許他們於每年七月七日夜裡渡河相會，而喜鵲為了完成這對夫妻的愛情，自願以身填河擔當渡橋之任。以後每到了七夕，就會有成千上萬的鵲鳥聚集在銀河之上，以翅膀和背部緊緊相連，搭成一座橋，織女和牛郎就藉著鵲橋得以相會。

據說和牛郎並列的那兩顆小星就是牛郎和織女的一對兒女，稍遠有四顆成平行四邊形的小星是織女投給牛郎的織布梭，距織女星不遠有三顆小星，是牛郎投給織女的牛拐子。

〈古詩十九首之十〉——佚名

迢迢牽牛星，皎皎河漢女，纖纖擢素手，札札弄機杼，

終日不成章，泣涕零如雨，河漢清且淺，相去復幾許？

盈盈一水間，脈脈不得語。

〈句〉——李煜

迢迢牽牛星，杳在河之陽，粲粲黃姑女，耿耿遙相望。（備註：織女又名黃姑）

詩人筆下的牛郎、織女，「耿耿遙相望」、「盈盈一水間，脈脈不得語」，如此刻骨銘心的相思之苦，千百年來不知感動了多少人！因此，他們一年一度相會的七夕被後世無數有情男女視爲愛情的象徵，紛紛在七夕夜晚對著暗夜星空祈禱著自己的愛情永恆不渝；織女又是傳統社會裡無數女性心目中的女紅巧手，婦女們尤趨之若鶩地在七夕夜裡向織女「乞巧」，希望織女賜予她們俐落的手腳，更靈巧的技藝。

至於閩南一帶流傳的牛郎織女故事，則把仙女與凡人的悲戀改成了人間富家女與貧苦牛郎的戀愛。這名富家女和貧苦牛郎原都是天上的星神，因爲犯罪被謫降人間，因爲富家女愛上了貧苦牛郎，所以遭受到勢力眼父親的反對和禁錮。織女讓鵲鳥傳信給牛郎，喚他

每月七日來一次，口吃的鵲鳥卻把「七日」說成了「七夕」。貧苦的牛郎等不及，受苦於相思而死去，織女也殉情自殺，魂魄依然歸於天上。

四、雷電風雲雨神話

拔木倒屋的狂風，淹人沒地的暴雨，金光耀輝的閃電和震天撼地的隆隆雷聲，都顯示著大自然的無窮威力與神祕。在這些巨大的自然力量面前，先民們既畏懼它，又崇拜它，並試圖解釋它。

雷

隆隆的雷聲，常易使人與鼕鼕鼓聲聯想在一起，因此古代中國人把雷想成「連鼓」的形狀——許多相連在一起圓滾滾的鼓，轟轟雷聲就是雷神在天上打鼓所導致的，因此在圖畫或雕刻中，雷神被描繪成一個粗壯有力的巨人，左肩背著連鼓，右手舉著鼓錘，好似就要打在鼓上發出轟隆巨響的姿態。但也有相異之說。黎族神話中說，雷公因破壞人間幸福被凡世三兄弟砍掉了一隻腳，每當下雨時都因傷口疼痛而大喊大叫，這叫聲就成爲雷鳴。

較原始的雷神是獸形，或人獸合體。《山海經》中記述：「雷澤中有雷神，龍身而

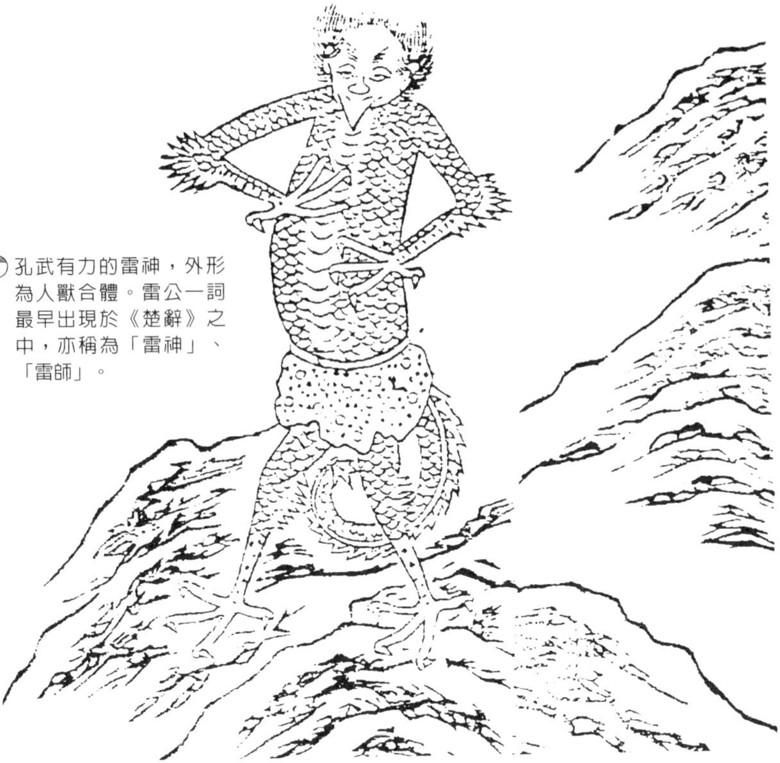

孔武有力的雷神，外形為人獸合體。雷公一詞最早出現於《楚辭》之中，亦稱為「雷神」、「雷師」。

人頭，鼓其腹則雷也。」

現在通常都把雷神描寫成形狀如鳥，是一黑且醜，驢頭鷹嘴又長有蝙蝠翅膀、帶有鳥爪的鬼怪，一手拿著鐵錘，另一手抓著尖鑽，不斷地敲打著綁在他腰上當作腰帶的一長串鼓，發出可怕巨響。這種鳥類造形，是在漢代以後書冊中才出現。

由於印度神話中所描寫的雷神也是這種造形，故常常被誤解成中國的雷神是受印度神話的影響而產生的。實際上中國的雷神神話比印度神話更早，佛教傳入中國之後才使中國的雷神被改頭換面，成爲具有佛教色彩的鳥類造形，以別於另外兩個更富佛教色彩的雷神——雷祖與雷震子。

雷祖最與眾不同之處是長有三隻眼睛，這多出的一隻眼乃長在額前正中央，鼻子正上方。這隻眼張著時，會射出四道各長兩尺的光。雷祖時常騎在一隻眨眼間就能行千里的獨角獸背上，巡遊各地。傳說他還背負著使雨量均勻適當散布在穀物上的責任；同時，若有人作踐了穀米，也會遭到雷祖重殛的處罰。

雷震子是由一陣大雷擊打在蛋上，破殼而出的。他跟雷公一般奇醜無比，其肩上長有兩蝙蝠翅，一翅是起風用的，一翅爲擊雷之用，加上青綠的臉孔和又尖又長的鼻子、兩顆長牙暴出鳥嘴外，眼睛亮如明鏡閃閃發光。手上可不是像雷公拿著鐵錘，他左手持著官印，右手揮舞著造雨用的金旗。

電

中國神話中，掌電的神是女性，穿著紅、藍、白、綠四色相雜而成的華麗服飾。她的特徵在於兩手高舉著兩面鏡子，鏡面會射出兩道強光，這就是造成閃電的原因。

若依照「陰」、「陽」的說法，閃電是陰陽相撞而發生的火光，就如同兩塊打火石相擊而產生火花的情形，所以先民常將雷與電的想像相連。例如黎族神話就說：雷公在青年打占家作客時，偷了打占能抽打出耀眼火花的藤條和豹尾，打占追趕雷公並砍下了他的左腳。此後每當打占想起被偷去的藤條與豹尾時，就恨得想砍雷公這隻左腳，這時雷公就因疼痛難忍而忍不住地擂鼓和抽打藤條，於是天上便有閃電和雷鳴。

赫哲族傳說：打雷、閃電是雷公錘打占，以響雷擊魔，閃電娘娘則在一旁配合以閃電照妖。

哈薩克族則傳說：天神迦薩甘用箭射魔鬼時，箭飛行的聲音就是雷鳴，箭噴出的火花就是閃電。

台灣高山族有則神話說：有一對父子上山打獵，兒子偷懶跑回家去，卻對母親說父親失蹤了。其母便手持火把上山尋找丈夫，找到之後，孩子的父親大聲斥責兒子，升天化爲雷；手持火把的母親也隨著丈夫升天化爲閃電。他們夫妻倆鳴雷閃電，乃是在教訓兒子。

雷神與電母，於神話故事中常一起被提起。雷公屬陽，電母屬陰，陰陽相撞之後就會產生閃電。

雲雨

興雲致雨，在自然現象中雲雨總是相隨發生的，所以古人也沒有把雲神與雨神分開，雲、雨都是由同一個神所控制的；這種神大都坐鎮山嶺，山上草木繁茂，成爲眾河諸川的導源地。這種神也不止一個，不同的山有不同神靈在鎮守，他們並非專司雲、雨，但都有興雲雨、招風雪的力量，所到之處俱會造成雲起雨落的景象。

例如《山海經》內提到的和山，有象徵吉祥的神明「泰逢」，其貌如人而長有虎尾，能動天地之氣；光山上有神「計蒙」居之，其身如人而頭似龍，出入必飄風降雨；神明「江疑」住在符惕之山，此山常有怪雨，風、雲出自其中。

「吾令豐隆乘雲兮」，似乎「豐隆」也是雲神的一個；在《楚辭》中提到不少有關雲的神話，其中〈雲中君〉一篇，描寫雲神如駕著龍車，穿著錦衣，遨遊四方，忽東忽西，忽上忽下，俯瞰天下，縱橫四海，無所不至、無所不見的悠然境界。

浴蘭湯兮沐芳，華采衣兮若英；靈連蜷兮既留，爛昭昭兮未央；
蹇將澹兮壽宮，與日月兮齊光；龍駕兮帝服，聊翱遊兮周章；
靈皇皇兮既降，猋遠舉兮雲中；覽冀州兮有餘，橫四海兮焉窮；
思夫君兮太息，極勞心兮。

「蓱號起雨」，「蓱」也是個雨神的名字；「屛翳」相傳也是一位雨神，他住在東海之上，時人稱之爲「雨師」；神農時，他的肩上及胸前披著由樹皮製成的斗篷，身上圍著同樣由樹皮串連而成的短裙。他降雨的方法是拿著一只泥製的大盤，裡面滿盛著水，爬到山上，折下一叢樹枝，浸在大盤的水中，然後彈動著沾有水珠的樹枝。頃刻間，濃雲密布，暴雨驟降，溪流暴漲。他把這種神技授予神農，神農之世得以不爲乾旱所苦，農耕得以肇始。

赤松子能入火不燒、入水不濕，常住在崑崙山上，隨風上下，任意進出。神農的次女拜他爲師，隨其學藝，亦成仙而去。到了帝嚳時，赤松子又遊於人間，復爲雨師，故大家稱他爲雨師之祖。一般則流傳雨師是穿著黃鱗盔甲，戴著藍帽，高立在雲端，雙手捧著一個大噴水壺，壺口傾斜噴流出的水珠，形成雨滴，傾注地面；尚有相傳著另一種形貌的雨師：左手舉著一只小盤，盤內滿溢水，水中臥著一小龍，右手用來揮灑水滴，散布雨水，倒也饒富異趣。

哈薩克族中講到雨的來源則說：天神迦薩甘用黃泥造人，其中一男一女，因魔鬼阻撓其婚配，就飛到了天上；男的變爲太陽，女的變爲月亮；兩人在天上仍互相追尋，尋不著時就痛苦落淚，這淚即是雨滴。

雨神，住在東海之上，又名赤松子。《列仙傳》記載赤松子服食水玉，並教導神農，能入火不燒、入水不濕。

風

大概因為風的威力不如雷電和暴雨，所以有關風的起源神話相對比雷雨為少。除了盤古的氣息化為風外，民間普遍流傳著風是由一位風婆婆煽簸箕而形成。這種說法在漢族民間比較多見，少數民族間或有之。有的民族的創世史詩中說：天神在造地時，留下一個洞，風是從洞中飛出。《西南彝志》中說風是由陰陽二氣結合而成。瑤族則說「大龍吹著氣，造成了大風」等等。

關於風與風神，《山海經》的記載認為風藏在山谷，控制它出入的就是風神，不同的風由不同的神來控制，如「折丹」是管東風，「因」是掌南風。

等到了《楚辭》、《離騷》的時代，已有一個風神總司令的出現。他名叫「飛廉」，一般人尊稱「風伯」，其形狀是鹿身鳥首，頭上長有角，身上呈豹紋，帶有蛇狀尾巴；有些古書上則說飛廉是龍形神禽。民間流傳則把風伯想成穿著黃衣，帶著紅、藍兩色帽的白鬚老叟，他隨身攜帶一個很大的布口袋，風就是藏在這裡面，因此風的大小、方向都可隨他任意控制。

另外，哈尼族流傳有「風姑娘」的故事，天神造地時在地上留下了巴掌大的窟窿，是為風洞。但天神造好天地走了之後，人們等了九千九百九十九年也不見刮風。人們熱得難熬，樹枯了，莊稼也不發芽。人們費了三年時間終於找到風洞，原來是一位美麗的風姑娘躺在洞上睡覺，把洞堵死了。人們於是叫醒風姑娘，她起身後，風才刮了起來。從此，春天刮東風，夏天刮南風，秋天刮西風，東天刮北風。一年四季有四面風，大地充滿了生機。

風伯，這是民間對於風伯的想像圖：一個隨身攜帶著大布口袋的白鬚老叟。

虹的傳說

出現在雲中的彩虹，在《創世紀》裡乃是耶和華和諾亞後裔所立的約定記號。耶和華使雲彩蓋地的時候，必有虹現於雲中，這時耶和華便會想起他和人類所立的約定，洪水就不再氾濫毀滅地上一切有血肉的生物了。

希臘神話中的彩虹女神伊麗絲，是天帝宙斯的使者。希臘人認爲虹是連接天上和人間的長橋。

在古代中國，虹被當作是妖邪和災禍的象徵，劉熙《釋名》說「虹者，攻也」，是天地間純陽之氣與陰氣相攻伐而產生的，當虹出現的時候，必是人間政教失策、陰陽不和、婚姻錯亂、淫風盛行、男女樂相奔隨的時候。《淮南子・原道訓》也說，當執政者有道的時候，虹蜺不出、賊星不行，當政者無道、天下兵荒馬亂的時候，必有虹蜺出現，所以又說虹蜺與彗星乃是天下大忌。

因爲虹是不吉與災禍的象徵，所以《詩經》中有「蝃蝀在東，莫之敢指」的句子，這種不敢以手指虹、指必遭禍的信仰在中國直到如今仍流傳於鄉間。

被視爲不祥的虹，在古代中國人的認知裡是一條來自天上的靈蛇：《說文》說虹、蝃蝀也，狀似蟲；成認虹是雌雄兩條巨蛇，《爾雅・釋天疏》說色鮮盛者是雄，叫作「虹」，色暗者是雌，叫作「蜺」。有的古書還說，虹蜺是天地陰陽之精，或說虹是清明以後十日出現而隱於小雪之後，如同春夏出現而冬天藏起冬眠的巨蛇。

這條靈蛇是住在天上的，可是又經常到地上來找水喝，《漢書・燕刺王傳》說，有一天虹自天而降到燕王王宮井裡喝水，結果一下子把燕王的井喝乾了。

另外在《異苑》也記載了虹到地上喝水的事，有一天，虹到一個叫薛願的家裡去喝水，一下子就把薛願鍋子裡的水喝乾了，薛願就拿酒倒入鍋中請虹喝，隨倒隨乾，結果卻讓虹喝醉了，渾身通紅地走了。虹爲了報答薛願的好意，就張口吐了一鍋的黃金給薛願，薛願用這些黃金做些生意，成了富翁。

這條靈蛇不但到地上找水喝，而且還跑到人間來找女人談戀愛呢。《搜神後記》說盧陵鄉間有個女子，丈夫遠行未歸，有一天，來了一個身高丈二、容貌端莊的青年，女子見而悅之，就常和青年來往。他們約會的地方都是在河邊，一天，青年取出一只黃金瓶裝了河中的水給女子喝，女子就懷孕了，生下了一個兒子。兒子斷乳以後，青年復又來了，來要回他的兒子──那時風雨交加，附近的人看到有兩條虹在女子的家中出現。過了幾年，女子又到河邊，看到兩條巨蛇在河邊喝河裡的水，女子大驚，兩條蛇又變成了人形，正是她朝思慕想的青年和兒子。

五、水神的世界

在世界各地的神話中，水神經常是住在水中、湖中或河流中的魚、蛇，或者是由魚蛇所變形的龍神，中國古代的水神也不例外。一九五四年秋天，西安北方半坡遺址出土的人面魚身彩陶，很可能就是中國最古早夏系文化中水神的原型。

黃河之神河伯

黃河源於青海巴顏喀喇山，流經九省而到山東利津縣入海，長達四千六百多公里，是中國歷史文化的主脈，中流的伊、渭、汾、洛諸水，是形成古代中國民族與王權的搖籃。以伊水和洛水中心而形成的姒姓族建立了夏；以黃河岸邊的鄭州和安陽爲中心的子姓族建立了商；以陝西渭水中下游爲中心的姬姓族建立了周。這些居住古中原地帶的氏族所建立的不同王朝，使黃河古文化呈現了多元化的特色，他們各自有對黃河之水的祭儀和信仰的傳承。

夏民族將黃河與自己的高祖列爲同一等最高的地位，而稱黃河爲「高祖河」。周民族以姬水爲姓，他們所信奉的姬水之神，即是後來演變爲中華民族共同始祖的黃帝。

在黃河所流經的土地之上，新興的民族與政權不斷地崛起。在氏族興衰起落和王權交替之間，民族與文化經過不斷的併吞、吸收和融合，逐漸發展成以黃河兩岸各族爲主幹的漢民族與漢族文化。

黃河、黃土高原、黃種民族及始祖之神黃帝，這些奇妙的黃色組合，組成了中國從遠古到今天的文化香火與民族傳承，自稱「龍之傳人」民族所信奉的龍神，其實也就是黃河水神，是把原是魚蛇之形的水神加以神聖化而形成的一個民族圖騰。

有關黃河之神的傳說很多。《山海經》上曾說：在朝陽之谷，有神居住，這神是半人半獸的怪物，長著人的面孔，卻有八個頭、八隻腳、八條尾、全身呈現青黃色，名叫「天吳」，是掌水之神，又尊他爲「水伯」。

黃河之神一般則總稱爲「河伯」，至於他的名號，在各種古書中有不同的稱呼，包括

「馮夷」、「無夷」、「馮遲」等等。河伯忽而住在深三百萬丈的中極之淵，忽又居於陽紆之山，忽爲人而乘龍的水怪，忽又成渡河逆水的水鬼，甚而成了修行得道成仙的河精。

相傳這位多變的河伯，有一次化爲白龍出遊被射傷：原來河伯生性好動，一直待在水中，悶得發慌，於是變爲一條龍，浮出水面，游於岸旁。剛巧射日的后羿路過岸邊，見此怪獸，認爲是不祥之兆，乃舉弓射之，河伯未留意而閃躲不及，被射傷左眼。

河伯非常憤怒，就向天帝告狀，請天帝把后羿殺死治罪，以雪他心頭之恨。天帝聽了他的控訴後，說：「先不要發怒！羿怎會無緣無故射殺你呢？你先把事情的原委一點點地說清楚了，我們再決定如何處置。」

河伯自知理屈，囁嚅地說道：「當時我正變成白龍，游於水旁……」

天帝聽完了河伯的敘述，就對河伯說：「這就是你的不對了，假使你穩當地待在水晶宮內，盡你水神的職責，羿怎麼會侵害到你呢？你的玩心太重，偷偷變化成白龍溜出宮，偏偏又浮到水面引人注目，自然會遭射殺之禍。這件事完全是你的過錯，羿不該負任何責任！」河伯只好懊惱地回去了。

楚辭的《九歌》中也有一篇絕美文章是在描寫河伯，題目就叫〈河伯〉：

與女遊兮九河，衝風起兮橫波；乘水車兮荷蓋，駕兩龍兮驂螭；

登崑崙兮四望，心飛揚兮浩蕩。日將暮兮悵忘歸，惟極浦兮寤懷！
魚鱗屋兮龍堂，紫貝闕兮朱宮，靈何爲兮水中！
乘白黿兮逐文魚，與女遊兮河之渚，流澌紛兮將來下！
子交手兮東行，送美人兮南浦；波滔滔兮來迎，魚鱗鱗兮媵予。

這是在敘說河伯雖可忽東忽西，雲遊四方，因他是黃河之神，所以還是有個老家，位於黃河的深淵之中，朱紅色的宮殿，魚鱗鋪成的屋瓦，大廳各處雕有龍紋，各方的樓台亭榭都鑲飾著紫色的貝殼，這是何等華麗的住屋！河伯雖可改頭換面，隨意變成各種形態，但在巡行各地時，卻沒有皇帝般的儀仗，而是坐在荷葉爲蓬蓋的水車上，由翩翩的飛龍爲他挽車，宛宛的玉螭做他的車夫；興致來了，更可以騎著白龜，以身帶條紋的五彩魚爲前導，巡遊各川，甚至上溯到黃河的發源地——崑崙山之上。這崑崙山是眾神聚會的地方，河伯因而得以和老友相見，閒話家常。

有關河伯的傳說，流傳最廣的當然要算是「河伯娶妻」的故事了，但這是較爲晚期的發展。

春秋時，魏文侯命西門豹爲鄴令（相當於現在的縣長）。西門豹來到鄴地，見當地人戶稀少，且個個貧窮困苦。上任後，馬上會集當地的長老仕紳，探問百姓的疾苦。長老向西門豹訴苦道：「我們這裡有河伯娶妻的風俗，這裡的老百姓之所以會如此貧苦，時常到處流亡，都是由於這個風俗的緣故。」

西門豹不解地問長老：「何謂『河伯娶妻』？爲什麼百姓會以此爲苦呢？」

長老們詳細地解釋道：「黃河之水流過我們這裡，我們的田地，也全依賴著黃河的水，才得以灌溉，生活得以維持。爲了怕黃河氾濫，淹沒農地房屋，每年必須獻上一女子獻祭河神，求其保佑，這就是所謂『河伯娶妻』；再加以地方官吏與巫祝藉此勾結詐財，所以人民都逃亡到別的地方去了。」

西門豹聽完，就囑咐道：「在河伯娶妻那天，當地方官和祝巫們把女子送到河邊後，請你們來通知我一聲，我也想湊湊熱鬧，參加河伯娶妻的大典！」

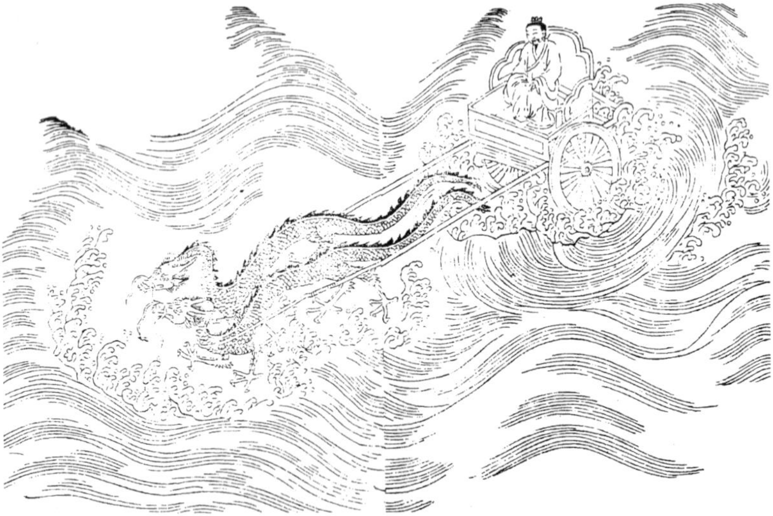

黃河之神河伯，於中國古代詩集《九歌》中描寫河伯巡行各地時，坐在水車上，由飛龍為他挽車。

到了那一天，西門豹果然前往河上，來看熱鬧的百姓十分擁擠。主持祭典的巫師，是個年紀將近七十多歲的老太婆，還有女徒弟十餘人做爲副手，她們都穿著薄綢衣衫，站在老巫嫗的身後。

「把河伯未來的夫人請出來，讓我看看她到底有多漂亮吧！」西門豹這麼說道。

於是那新娘姍姍地被扶出帳外，立於圍觀群眾面前。西門豹走近端詳半天，故意大驚小怪地叫道：「啊呀！這女子長得不夠漂亮，河伯恐怕不會中意吧！我看得要麻煩巫師婆子到水裡跑一趟通報河伯，告訴他今年所挑出來的新娘，我們越看越不合意，打算再去找一個更好看的姑娘。請河伯暫時委屈一下，過幾天再送過去，可不可以？」

西門豹未待老巫嫗開口，舉手一揮。吏卒們一擁而上，抱起老巫嫗往水裡丟，噗通一聲，激起了數陣浪花，大巫嫗早已無蹤影了！

「老婆婆去了大半天了，怎麼還不見她回來呢？莫非出了什麼差錯？叫她的弟子去瞧瞧，催一催吧！」一個女徒弟又被扔進河裡。

女徒弟去了半天仍未見回來，西門豹又說女流們也許說不清楚，便要地方官吏去催說一番。那些勾結巫嫗的官吏們個個面色大變，急忙跪下來求饒，西門豹藉此告誡一番，並要他們將功折罪，開渠道引水。諸官吏不敢違犯，就努力開渠，最後鑿了十二條渠道，把黃河水引出灌溉田地，百姓因而受益匪淺。

海神禺虢、禺京

生態環境與人們的生活有著極密切關係，臨海居民以捕魚爲主，居山百姓打獵而活。中國雖幅員廣大，平原、丘陵、山嶽、水流、湖泊、沼澤，各種地形都有，但文化的重心始終是沿著江河所發展。早期的黃河流域是文化源流地，自不待言，即使後來南向發展，仍不出江南水鄉澤國之區。也許因爲這個緣故，中國有關水的神話與傳說，幾乎全是與江河有關的神奇玄妙事跡，海洋神話就顯得較少，只說到東海之神叫「禺虢」，北海之神叫「禺京」。

禺虢的容貌是人面鳥身，耳上掛著兩條黃蛇當作耳環，雙腳下也踏著兩條黃蛇；禺京也是人面鳥身，耳上掛著的是青蛇，腳下踩著的也是青蛇，也有說他叫作禺彊，靈

禺虢，同樣也是海神，容貌近似於禺京，有人傳說其為黃帝之子，而禺京是禺虢之子。

龜得聽他的使喚。他倆還能與黃帝拉上關係，說禺虢是黃帝之子，禺京是黃帝之孫，禺虢之子。

也有人傳說東、南、西、北四海由司四方的神同時兼掌：東海神「勾芒」，南海神「祝融」、西海神「蓐收」、北海神「玄冥」。後來又有「海龍王」的出現，把海神想像成龍形，住在深海中由透明五彩的石頭所堆砌而成被稱作「水晶宮」的富麗殿堂內。四大海各有一位海龍王鎮守著，這四大海龍王——東海龍王、南海龍王、西海龍王、北海龍王，都是以珍珠、琉璃爲食，身軀非常長，有五條腿，其中有一條是長在腹部中央，每隻腳有五銳爪，他們能游往海中任何角落，且能升入雲空；身上穿著黃鱗的盔甲，尖尖的鼻口下有兩條長鬚，前額凸出，眨著晶亮明澈的眼睛，耳

海神禺京，或稱為「禺彊」，人面鳥身，耳上與腳下都纏繞著青蛇。

朵很細小，微張著嘴，長長的舌，雪白銳利的牙齒，加上多毛的尾巴和毛茸茸的腿。他們呼吸時所散發出來的熱氣可以把魚煮熟，他們的喘息可將魚兒烤焦。當他們浮出水面時，海水洶湧，波濤四起，颱風來襲；當他們飛行在雲空時，風怒吼，雷雨急降，房頂被掀掉，整個天際轟隆地喧鬧著，任何阻擋去路者都會被他們穿過時所捲起的疾風掃得遠遠的，眞是威風凜凜。

四大海龍王都是永生不死的，彼此間心意相通，對於其他海龍王的心思、計畫，乃至欲念都瞭若指掌。他們每年必須朝覲天帝一次，通常選在三月天，在這期間，沒有一個神敢出現在雲天；幸好他們逗留在天上的時間很短，通常都是留在水中，子孫、親戚、侍衛、隨從一大夥人住在一起，熱鬧非凡。雖然很多神都爲他們的威儀所懾，他們卻非常歡迎賓客的到訪，水晶宮內倒是時常賀客盈門。

到了晚期佛教、道教發展出來，又有擬人化的四大

◓ 海龍王出巡，龜兵蝦將前呼後擁，威風八面。

龍王出現，他們各有專名：佛教的東海龍王是「敖廣」、南海龍王「敖欽」、西海龍王「敖順」、北海龍王「敖閏」；道教的依上序爲「廣德」、「廣利」、「廣潤」、「廣澤」。

湘水女神湘妃

古老的中國楚地，當人們經過瀟湘之水而到洞庭的時候，人們彷彿看見兩位美麗的女人，她們會出現在秋風裡木葉紛紛落下的洞庭湖上，於是，在遠古的時候，楚地人就唱出這樣的歌：

帝子降兮白渚，
目眇眇兮愁予。
裊裊兮秋風，
洞庭波兮木葉下。（《楚辭．九歌》）

遠古至今依然滔滔流向洞庭湖的湘水，就是因爲這兩位美麗女人的淒美傳說得名。這兩位女人是姐妹，在古老的神話中，她們是帝堯的女兒，也是帝舜的兩位妻子，她們就是爲了帝舜殉情而死於湘水的湘君、湘夫人。

關於湘妃的傳說，《山海經》中說她們是天帝的女兒，住在洞庭山上。洞庭之山是瀟水、湘水、沅水、澧水諸河的源流地。兩個女神常常到瀟、湘等河上遊玩，高興起來，甚至潛江入淵，頑皮的時候更是常常呼風喚雨，使得瀟、湘掀起大波，澧、沅引起大浪。而且洞庭湖上多會出現水怪，這些水怪或雙手操蛇，或人面蛇身，好不駭人。人民因而拜她們爲湘水之神。

另一個記載說因爲湘妃出遊必有飄風暴雨之事，曾經使統一六國的秦始皇大爲震怒，《史記·始皇本紀》說秦始皇統一中國以後，巡遊天下，當他到了湘山祠的時候，洞庭湖上忽然吹起了大風，使得秦始皇的船隻不能前進，秦始皇問身邊的博士：「湘山祠供奉的湘君是什麼神？」

「臣聽說湘君是古代帝堯之女、帝舜之妻。帝舜南征，湘君與湘夫人追隨其後，舜帝不幸崩殂於蒼梧之野的九嶷山麓，二女殉情，自沉於沅湘之間……」

博士的回答不但沒有使秦始皇滿意，反而更激起他的怒氣。憤怒的始皇對左右說：「我不管她是什麼帝堯之女或帝舜之妻，我只知道不管天上人間，順我者生、逆我者亡。人間之帝，自我而始，我之前沒帝，也沒有什麼帝女！」

於是始皇下令，命刑徒三千，一夜之間伐盡了湘山之木，使得湘山濯濯，草木不生。

舜病死於蒼梧之後，為了舜殉情而死於湘水的湘君、湘夫人，亦有其淚沾於竹上形成斑點不退，遂稱此竹為「湘妃竹」的傳說。

秦始皇是個不信天地、不畏鬼神而唯我獨尊的人，他砍光了湘山之木的事如同他曾鞭東海之石的傳說。那年他要過海觀看日出，於是命石工跨海架橋，據說方士能夠驅趕巨石而使石頭自動下海爲橋，因爲石頭走得太慢，於是始皇帝手執鋼鞭而鞭石，結果每塊石頭都被鞭打得流出了鮮血。

湘君、湘夫人的傳說在漢代劉向的《列女傳》裡說她們是娥皇和女英，都是帝堯的女兒。這兩個帝女曾經幫助帝舜避過了其弟象的各種陷害，舜繼承了堯的帝位以後，就立娥皇爲后、女英爲妃。後來舜南征，死於蒼梧，二女也殉情於瀟湘之間，後人立祠紀念她們，稱爲湘君。

唐代的韓愈，被貶潮州而路過湘君祠的時候，曾經前往祈禱許願，希望湘君能保佑他平安歸來。此事見於他寫的〈祭湘君夫人文〉。當韓愈平安地回來之後，曾經捐款十萬，重修湘君祠。

帝舜南征，死於蒼梧之山，湘君二妃沉身於湘沅之水。洞庭之上的神話舞台，都屬古代的南方，這些地方在遠古時代被稱爲瘴癘之地，直到漢初；與中原之地的交通並不發達，應是古代現實世界裡有無數人曾經跋山涉水南下去建立自己的家園，他們或死於開拓的途中，或死於洞庭一帶的暴風巨浪，因此而有帝舜死於南征途中以及湘妃死於瀟湘之蒲的神話傳說吧？

瀟湘之水如今依然滔滔地流向洞庭，瀟湘的神話也依然如瀟湘水上的片雲片雨，那麼輕柔，那麼哀淒，就像一縷輕煙地飄在無數中國人的心裡，縱然是千年之後的千里之外。

洛神宓妃

洛水在中國古時和黃河同等重要，洛水與東周的都城洛陽相近，與東周歷史文化存有不可分的關係，因此歷代文人雅士對洛神特別鍾情，屈原的〈天問〉、〈離騷〉，都曾提及宓妃之名；曹植更藉洛神來寄託自己的戀情，洋洋灑灑地作起〈洛神賦〉來。

《洛神賦》圖卷：東晉顧愷之繪出了曹植〈洛神賦〉的文意。

話說羿失去愛妻、失去靈藥之後，性情大變。他憤怒又痛苦，繼而消沉，直到在洛水之濱邂逅了洛神宓妃。

傳說宓妃是東方木德之帝伏羲的愛女，生得花容月貌，有沉魚落雁之色。她的面貌，套句三國時代曹植〈洛神賦〉裡的敘述，遠遠地望著她，那就像太陽從早晨的雲彩中升起那樣亮眼（遠而望之，皎若太陽升朝霞）；如果是近距離看著她，就有如一片綠水盪漾當中，出現了一朵芙蓉花，嬌美得讓人驚豔震顫（迫而察之，灼若芙蕖出綠波）。宓在橫渡洛水時，不幸遭逢水難，舟覆人亡，天帝憐憫紅顏遭此災劫，於是封她爲洛水之神，守護這條河流，並將她許配給黃河水神河伯爲妻。

這河伯乃是一條俊俏的白龍，生性佻達風流，驟然獲此嬌妻美眷，開始時自然是歡喜不已，新鮮感壓倒一切，天天在洛神旁邊轉悠，上天下地。於是，從崇山峻嶺裡黃河的源頭，到寬廣平坦的平原上、浩浩蕩蕩的出海口都有小倆口的遊蹤，而後攜手回到新居魚鱗屋、紫貝闕。

可是，世間上最令人感到失意的，就是喜新厭舊；世間上最教女子傷心的，就是良人負心，就連天神之間的感情也不例外。失去了新鮮感，河伯連洛神這樣的嬌妻也看成了黃臉婆，四處找尋野花去也。宓妃這朵芳香高潔的家花竟就這樣被撇下，她便返回洛水，終日在河濱水湄徘徊以拾取水面翠羽、採摘深潭明珠排遣寂寞，直到她與孤單英雄羿在洛水邊相遇，雙目交會的那一刻。

一個是射下天上作惡的九顆太陽、拯救黎民百姓於乾旱之中，妻子卻不告而別，偷負靈藥飛升上天的孤單大英雄；一個是人間紅顏、美麗女神，丈夫卻不知憐香惜玉，棄之如敝屣的洛水之花。從他們眼神交會這一刻起，兩顆孤單心靈就此相互依託，不再孤寂無靠了。於是，英雄脫離失意落寞，紅顏身旁得人護花。

得知這段戀情之後，河伯自然非常不悅，無法容忍這類事情在眼皮底下發生。氣昏頭的河伯，忘記了羿是曾以九箭射下九顆太陽的神射手，他變回白龍原形，瘋狂地在河面上興風作浪，對著宓妃和后羿大肆咆哮，頓時天空之中風雷大作，擾得百姓懼怕不安。那

宓妃，為《洛神賦》中的主角，傳說為伏羲之女，於洛水溺死後成為洛神。曹植路經洛水有感而發寫成詩賦。

羿也不和他多話，乾脆爽快地拈出一枝箭，張弓射出。這飛箭正中花心河伯的一隻眼睛，河伯吃疼，大聲哀嚎，瞬間風平浪靜，白龍消失無蹤影。

變成名副其實獨眼龍的河伯，摀著被射瞎的眼睛，跑去向天帝申訴。可這廂天帝正因爲先前慢待了羿而感覺對他有所虧欠，更何況是河伯偷腥在先，怎能怪洛神負心於後呢？於是天帝對河伯大加申斥。顏面和妻子俱失的河伯，羞愧難當，躲回黃河之底，再也不敢出來作怪了。

羿與宓妃相愛，河伯嫉妒化成白龍興風作浪，卻被射傷左眼。

漢水女神江斐二女

漢水水神「江斐二女」到底爲何方人物?從何方而來?如今已找不到明確記載,唯有江斐二人「解珮留芳」的韻事,偶爾散見於一、二首古詩或是傳記等雜文之中,傳爲美談。

相傳有一次江斐二神又相攜同遊於江畔,遇詩人鄭交甫於漢皋台下,三人言談甚歡,十分投契,分手時,二女各自解下身上的珮珠,相結在一起,贈予交甫以爲紀念;交甫滿心歡喜,拿著二女所送如鵝卵般大的珮珠歡然離去,剛走下台階,忽覺懷中珮珠不見了,連忙低頭尋找,卻毫無痕跡,急返轉身回到原地,惜已杳無人影,唯餘芳猶存。

波神陽侯

水光瀲灩,波水粼粼,舒人心胸,更往往使人欲浴其中。有時候卻白浪滔天,波濤洶湧,令人畏懼而退避三舍。水波浪光,變幻無常,當然更易有神話孕育出自其中。

古時有一諸侯國,名叫陵陽國,有大河流貫國境,當地人喜愛相偕戲水於此河。有一次國內諸侯、貴族、大批人馬來到河邊,以競游爲樂,比較高下勝負,其中一名叫陽侯的貴族,力爭第一,好勝心切卻體力不繼,力盡氣竭,溺水而死。陽侯心有不甘,因而化爲水中神,時常掀起大波巨浪危損人畜,造成嚴重的傷害,人們乃稱他爲「波神」,所造成的巨波爲「陽侯之波」。

陽侯在水中爲患，慣常六親不認，據說在紂王暴虐、周武王東向征討之時，武王途經孟津，江水橫梗於前，於是雇船渡河。正當他的軍馬想要攏舟橫越之際，竟驟然刮起疾風且降起暴雨，江水湍急，四散飛流，逆道而行，一瞬間即天昏地暗，馬匹受驚狂叫，欲掙脫韁繩而去，江上則一片迷濛，對面不見人影。武王遂左手持黃色的鉞，右手持白色的旄，瞪大雙目，怒氣沖沖地對著江水大吼道：「我是受命於天的，現在要去伐暴紂以救民、治天下，你怎可置我於死地？這豈不違反了天命，老天會震怒的！」頃刻之間，果然風平浪靜，天晴日暖起來了。

古時荊楚地方有一人名叫「佽非」，是一個俠義之士，有一次在干隊地方行俠仗義，受助的人以一把寶劍送予佽非，做爲酬報。佽非在外行遊很久，十分懸念家人，就帶著寶劍走上回鄉之路。途中，乘船渡河，船行到江流中，忽然起大風，揚巨波，陽侯又在作怪，興起陽侯之波了！這次陽侯更派出兩條水蛟纏繞槳楫，阻船前行。

佽非見此情景，便問船夫：「從前在此河是不是也發生過這種情形？是否曾有人逃過厄運而安然回到岸上？」

船夫回答：「此河常常發生如斯景況，大家都說這是陽侯在鬧情緒所致。從未見有人能活著回到陸地。」

佽非聽後憤然舉臂，拔出寶劍，怒目視江，大聲吼道：「武士是須用仁義之禮使人順服的，不能將他人陷於危難而趁機勝之。你身爲波神，若渴望得到我這把寶劍，只要明白指出，我當會雙手奉上，毫不吝惜，何必要用這種方法來劫奪呢？」說罷，一躍縱入河中，與巨蛟搏殺，把蛟蛇的頭砍斷。蛟死，風波也平息了，擺渡的船安然抵岸，同船的人皆倖免於難。

又有說伍子胥規諫吳王夫差不成而被殺，夫差殘暴不仁，不許伍子胥的屍首入土安葬，命人把伍子胥的屍體裹以「鴟夷」（古代一種鳥名）的皮，投入水中。伍子胥死不瞑目，魂魄時常駕著白馬、乘著白車、穿著白衣，往返水中，形影倏忽；越人畏懼，常設香燭貢品於錢塘江頭，祭祀迎拜，後來就把伍子胥傳爲「波神」。

六、火的神話與傳說

火的發明與使用，在人類文明史上具有極重大的意義，今日考古學家已證實：在中國所發現到屬於舊石器晚期的北京人，已會用火。但火的神話與傳說在中國並不算發達，只有「燧人造火」最富神話意味，其餘者僅是幾則「赤精子」、「祝融」、「神農」等與火有關的一些神奇傳說。

燧人造火

燧人氏是有巢氏的兒子，爲「三皇」之一的英明聖主。傳說他誕生在不周山巔的宜城，這是太陽和月亮照射不到的地方，因此沒有四季之別，亦無晝夜之分。

燧人長大之後，往日月所照臨的地方遊歷，有一天來到南垂，看見一棵大樹上有隻鳥在啄著樹枝，尋覓小蟲。鳥兒嘟嘟賣力地啄著，忽有火花冒出，因此觸發了燧人的靈感，更加仔細的觀察鳥啄木出火花的細節，加以仿傚而發明了鑽木取火的方法。

上古時候的人茹獸肉、飲獸血、食生果、啖活魚，不但腥臭澀苦，更易傷腸損胃，危害健康，減輕壽命。

燧人氏發明了鑽木取火之法，立即教授他人，同時還教導人們利用火來燒煮食物，熟食自此展始。百姓們從此很少生病，個個享有高壽。

燧人氏時代，有四位臣子幫他治理政

燧人氏從鳥兒啄木的樣子中習得造火之法，將人們帶入另一種生活。

事，所以政治也很清明，這四位臣子被稱爲「四佐」，分別是明由、畢旄、成博和隕丘四人。燧人氏在位亦有兩百三十多年，而且更有功於人民。

赤帝祝融氏

相傳祝融也是「三皇」之一，曾教導人民如何使用火以發揮火的最大功用、最大效能，怎樣用火來驅趕森林中的蟒蛇巨獸，如何藉著火力來熔燒、鑄造以及打製金屬的方法，因此被尊號「赤帝」。

祝融又被傳曾助黃帝戰蚩尤：在黃帝與蚩尤的長期大戰中，蚩尤曾得「回祿」之助，回祿是位掌管火災的神，他能役使一隻名叫「畢方」的神鳥以及一群約有百餘隻的火鳥，使四境遍野在頃刻間成爲焦燼。黃帝眼見即將被回祿所困，連忙召祝融來抵禦，祝融的手臂上戴有一枚純金大鐲，這枚金鐲具有法力。因此，祝融迎戰回祿時，把此鐲拋向空中，它就自動地套落在回祿的頭上，使得回祿倒地不能動彈，只得束手就擒，而後投降於黃帝的臣下。

在西方神中司南方的也叫「祝融」，也是位與火有關的神：相傳他是掌管「火行」的，這個祝融是獸身人面，時常騎著兩龍神獸。

赤帝祝融氏治理天下時，民間極爲和睦，刑罰從來都未見施行，一切都上了軌道，究其原因，是因爲祝融氏曾經特地到弇州地方傾聽鳥鳴之音，並根據鳥音來製作音樂。有了樂曲之後，則大家皆可依文節而行爲有序，於是「諧神明而龢人聲」，不但神明和人民都和諧，更使人「耳目聰明，血氣平和」，所以大家都能長命百歲。

祝融自己又去請教於廣壽老人，請他曉諭永生之道，廣壽老人告訴他死後應葬在衡山之陽——與火神「赤精子」相近，便得以永生。後來祝融所葬之地，被稱爲「祝融峰」，以後管火的官也都以「祝融」爲號。

祝融氏在位時建都於「劊」，就是現在河南省新鄭縣，後來的鄭國，據說就是祝融的子孫所建。又祝融的子孫很多，分爲八姓，包括己姓、董姓、斟姓、彭姓、禿姓、妘姓、曹姓和芈姓。

祝融，號「赤帝」，古時三皇之一。他教導了人民如何使用火，且曾助黃帝戰勝蚩尤。

火神赤精子

燧人發現了火，而被尊爲火神的卻是「赤精子」。

他出生在石唐山之陽，全身上下俱呈紅色：紅色身軀、紅髮、紅鬚，加上用紅葉製成的衣，簡直是個火人。

傳說炎帝的時候，赤精子是掌雨的官，常常服食一種叫作「水玉」（即水晶）的仙藥，來鍛鍊自己身體。練來練去，練就了一樁特別的本領，那就是能夠跳進大火裡面，把自己焚燒起來。在熊熊大火燃燒下，他的身體隨著煙氣上下而上下，終於脫胎換骨，成了火神。

也有傳說他把火從桑樹樹幹中取出，帶到人間，是他把火和水中的濕氣相調和在一起而孕育出陸上各種原生物。

火神赤精子，據說他全身通紅，紅身、紅髮、紅鬚，還穿著紅葉製成的衣服。

炎帝神農

三皇中的神農別號「火帝」，因爲他採取火爲統治的標幟；又由於他曾抽取樹中的油與汁液爲燃料，利用植物髓莖來做燈蕊，發明了照明的方法，又教民用火熔化金屬來製造工具武器。加上他的大小官吏都是以火爲名，與火有這般密切的關聯，因此在「火帝」上再追封一個火字，而成了「炎帝」。

第三篇

超自然信仰的神話

應龍蓄水行雨，可是蚩尤卻請來了風伯雨師，應龍無法應付，只好任大地成為一片汪洋。黃帝有一愛女，名叫魃，喜近乾旱，所到之處風息雨止……黃帝見應龍抵擋不住，命魃下降凡間，果然女魃所到之處風雨停息、赤旱千里，消滅了蚩尤的狂風暴雨。

一、天地主宰——天帝

希臘神話中有一主神「宙斯」，他是宇宙的最高主宰者，也是世間萬物的統治者，被眾神公推爲「天帝」。在中國神話中也常見到「天帝」二字的出現，但眞正談到他的長相、出生、武功或者是風流韻事的神話卻很少，只能由其他神話中得知有許多神都是他的子女，他的權威很大，能派后羿射日、命禺彊使巨龜負山、拆散牛郎與織女、使玄鳥降而生商，三皇五帝、賢臣英雄都得受命於他；他高居天上，俯視著人間的萬物萬事，也能誅除凶穢，擁護良善，不管他的權力是否大到握有生殺予奪之大權，他的確是萬民眾神所畏懼、所法正。

當然，若以民族的天神兼始祖神來說，最早主宰世界的還是以黃帝爲首的五帝。黃帝居天庭，位於世界的中央。但是由於神話逐漸被歷史化的關係，神話中的這位天神倒喪失了天庭的香火。尤其是在道教勢盛之後，道教的上帝「玉皇大帝」便逐漸取代了黃帝的主神地位。

軒轅氏（黃帝）

神農氏

伏羲氏

玉皇大帝，下有五方大帝和三官大帝。五方大帝就是「五帝」，是五個方位的管轄神。三官大帝，即天官（上元紫微大帝）、地官（中元清虛大帝）、水官（下元洞陰大帝）。其神職爲：天官賜福、地官赦罪、水官解危。五方大帝是橫的，整個大地全在他們的掌握之中。三官大帝是豎的，天界、人間、冥界事務都在他們的管轄之中。此外，還有一些具有各種神格與神性的神祇，以及各種行業神、守護神等。

玉皇大帝在道教體系中居於領導地位，統籌一切，下有五方大帝和三官大帝。

玉皇大帝本尊則永住在天上統籌一切，但常常委派諸神到世間來觀察人民的善惡，因此每年的農曆十二月二十四日夜晚，諸神都要升天去向玉皇大帝報告人間的種種情形，第二天，玉皇由諸神陪伴，巡視大地，以決定人民來年的禍福。玉皇的權威是如此偉大，能降災賜福、獎善懲惡，是萬事萬物的主宰，人死後還要受到玉皇的審判！

傳說玉皇的由來是在很早很早以前，有一位名叫「淨德」的國王，他有位叫寶月的賢淑皇后，可是兩人到了中年，膝下猶虛，國王非常憂慮，便祈求上天能得一子以繼承王位。有一天皇后作了個夢，夢中有一位老人騎在龍上，手上抱著一個小男孩，翩翩然從空中降至皇后面前。皇后趕忙要求老人把懷中小孩賜給她做太子，老人馬上答應了。

次晨，皇后醒來發現自己竟然懷孕，不久產下一子，取名「玉皇」。玉皇從小就憐貧濟窮，經常把宮中財寶散予四民。他在父親死後繼位爲王，但不久就讓位予宰相，隱居深山中修心養性，醫病救急，死後升天爲神，成爲掌生死禍福的玉皇大帝。

漢代石刻中的玉皇大帝和西王母。

二、空間之神——四方神

古書中最早的方向神記載是：東方有勾芒神，人的面孔，鳥形身軀，乘坐在兩龍之上；南方的神爲祝融，也是長著人的面孔，爲獸身，以兩龍代行；西方神是蓐收，在他左邊的耳朵伸出一條蛇，他也是以兩條龍爲坐騎；北方的神爲禺彊，也是長著人面，卻有著鳥身，兩條青蛇垂於他的雙耳之下，他的雙腳下也踩著兩條青蛇。

乘坐兩龍之上的勾芒。

傳說戰國之時，秦穆公賢明，有仁德，國家因而昌盛，民生得以富足。天帝就命令勾芒多給穆公十九年的壽命，以嘉賞他的賢能。又傳說鄭繆公有一次到廟裡去拜祭神明，忽然有一位人面鳥身，身著白色長袍，面孔長得方方正正的神，顯現在繆公面前並對繆公說道：「你確實是個賢明仁厚的君王，我將讓你多活十年，使你更有足夠的時間整頓國事，治理百姓，必能使國家更隆盛。」繆公趕忙道謝，並請問神名，神自稱是「勾芒」，依此看來，勾芒也是主「生」之神了。

民間又傳說勾芒是春月之神，是個主春的神，這是由「勾芒」兩字的字面意義（芒即萌之義，物之始生，初長萌芽叫芒）加以推衍而來，謂他是代表「春之發」、「生之長」的神。至於祝融、蓐收、禺彊，是否也有與夏、秋、冬等季節互相配合的神話或傳說，古書以及民間的傳說記載非常有限。

勾芒是古神話中的木神、春神，也是生命之神。

後來中國「五行」的哲學思想發展出來了，四方神之上又加上了一個中央神「后土」，而與金、木、水、火、土五行相配合，形成了另一種形態的四方神話。這種形態的方位之神，也許稱之爲「五方位的神話」較爲恰當；因爲此時五方位的神已成配角，每一方位各有一帝執管，每一方各有一個星座爲各方保護神，而四方神反成了輔佐之臣了。

除了五帝、五行、五星外，尚有五種禽獸、五種樂器、五種日期、五種度量衡的儀器，與之應合。下面就是這種帶有五行思想之五方位的神話：

東方，屬於木行，由帝少昊管轄，有勾芒任

其輔佐，拿著規而統治著春季，有神歲星來保護，其獸爲蒼龍，其音爲角，其日爲甲乙。

南方，屬於火行，由炎帝管轄，有朱明（即祝融）任其輔佐，持著衡而統治著夏季，有神熒惑來保護，其獸爲朱鳥，其音爲徵，其日爲丙丁。

中央，屬於土行，由黃帝管轄，有后土任其輔佐，拿著繩而管制著四方，有神填星來保護，其獸爲黃龍，其音爲宮，其日爲戊己。

西方，屬於金行，由帝少昊管轄，有蓐收任其輔佐，拿著鉞而統治著秋季，有神太白來保護，其獸爲白虎，其音爲商，其日爲庚辛。

北方，屬於水行，由帝顓頊管轄，有玄冥任其輔佐，拿著權而統治著冬季，有神辰星來保護，其獸爲玄武，其音爲羽，其日爲壬癸。

四方神：由四方神發展到五方神是中國空間觀念的一大進步，這種觀念改變了中國哲學思想，也是「中央為帝，四方為臣」的由來。

三、命運之神——時間的神話

在希臘神話中，掌管命運的神是三姐妹，最年幼的妹妹負責紡織生命的線，這個生命之線是由光明與黑暗兩種絲經緯錯雜相交而織成的；二姐的工作是把織好的生命之線加以緊搓細揉，當她搓揉的時候，手指所使的力量並不均匀，時強時弱，因而生命之線也時強時弱；大姐則拿著一把大剪刀，忍心地剪斷那些已織完、搓好的生命之線，當她的大剪一揮，就有一個生命在人間消逝。

掌天下人生死大權的大司命，以及賜福降禍辨善惡、掌人間哀樂的少司命。

在北歐神話中掌理生命的神，也是姐妹三人，分別代表著過去、現在、未來：最年長的一個，是衰老的，常常回顧，留戀於過去；中間的一個年輕、活潑、勇敢，直視前方；最小的一個，常常遮著面紗，看的方向正好與大姐相反。她們互相合作，共同織造命運的網，灌溉生命之樹。

在中國的神話中，沒有如希臘、北歐那樣完整的司命運之神的故事，可是《楚辭・九歌》中的「大司命」、「少司命」，由表面的字義來推測，所謂大司命，司命運之最大者；少司命，掌命運之次者；再者這兩司命的內容：

紛總總兮九州，何壽夭兮在予；高飛兮安翔，乘清氣兮御陰陽。……

一陰兮一陽，眾莫知兮余所爲。……固人命兮有當，孰離合兮可爲。（〈大司命〉）

登九天兮撫彗星，竦長劍兮擁幼艾，蓀獨宜兮爲民正。（〈少司命〉）

看來這兩司命都是能掌善惡、降禍福之命，其中掌天下人生死大權的是大司命，而少司命則司賜福降禍辨善惡，掌人間哀樂。據說大司命是住在天宮裡，來來往往都有仙童爲他開天門，由天門進出。他在出巡前，總會先降大雨爲他清掃道路、會飄起輕風替他開道，接著乘黑色的雲塊，飛馳四方。陰陽之氣與清純之命握在他手中，天下人的生命大權，更是任其取捨，隨他決斷，他的威權是何等的大啊！

少司命的住處四周種滿了百花眾草，群芳競豔，秋蘭、蘼蕪並生在他堂屋下，白枝配著綠葉纏繞在屋簷上，飄香縷縷，醉人心扉。屋內擺飾著盛開的秋蘭，青葉紫藤點綴其中，少司命穿著荷花荷葉織成的輕衫長裙，束著蕙草編成的腰帶，坐著孔雀尾爲車蓋、翡翠羽爲旌旗的車子，直驅九重天；忽又乘風載雲，遊於九河之上，甚至藉風划水，隨波衝浪。玩累了，遊夠了，就跑到咸持洗個澡，然後坐在水旁行日光浴，晾乾長髮。

少司命時常飄來忽去，形影無蹤，但他的威儀赫赫，能判別是非，降災於凶穢，賜福給良善者，爲萬民哀樂之所繫，眾民所相取法。

四、水災、旱災之神——應龍與女魃

相傳在黃帝爲天下共主時，南方有一酋長叫蚩尤，因不服黃帝的領導，起兵作亂。黃帝爲了抵抗蚩尤，把應龍召來應戰。應龍住在凶犁土邱，是一條長著翅膀能飛行於天空的飛龍。黃帝命令應龍攻蚩尤於冀州之野，應龍蓄水行雨，可是蚩尤卻請來了風伯雨師，令他們刮最猛的風、下最烈的雨，應龍無法應付，只好任大地成爲一片汪洋。

蚩尤請來了雨師下最烈的雨勢，大地頓成一片汪洋。

黃帝有一愛女，名叫魃，喜近乾旱，所到之處風息雨止，大地變爲乾燥。她平常住在大荒中的不句山上，總是穿著青色的衣裾，悠遊於山林之內。黃帝見應龍抵擋不住蚩尤，只好命女兒魃下降凡間，果然女魃所到之處，馬上風雨停息，水草乾枯，赤旱千里，所以消滅了蚩尤的狂風暴雨。

可是女魃建了大功後，卻爲黃帝所遺忘，再也回不到天上去了。因此她所逗留的地方，久不下雨，人民爲乾旱所困，苦不堪言。好在叔均（黃帝時管田地的官）得知此情景，向黃帝報告，黃帝趕忙把女魃安置到赤水之北，冀州之野乃得以解除乾旱。這是中國最早、最有名的旱神女魃神話。

後來民間有所謂「逐魃之說」、「打旱魃之事」，其中所逐之魃與所打之魃，則是高二、三尺，袒胸露背，從不穿衣服，兩個眼睛長在頭頂上，走起路來健步如飛、快捷如風的一種住在南方的怪人：凡是他去到的地方必定乾旱，土地龜裂，不過只要有人能設法捉住這個魃，把他扔進湖水沼澤中，魃

有翼的應龍曾助皇帝攻打蚩尤，後來又助大禹治水。

一遇水馬上就死掉。魃死了，便不會發生旱災了。

除了魃之外，古書上說到許多鳥獸怪物，都和旱災的發生有關：

有種乾旱之鳥「雝」在令丘山間狹長而多風的中谷內築巢，牠身子如梟，卻有一張人臉，四隻眼睛，兩片人似的耳朵。當雝鳥發著「顒顒」的怪叫聲，掠過原野、山丘，牠所掠過的地方就會河乾澤涸，土地龜裂。

在姑逢山上，不生林草樹木，卻生產許多金玉。山上住著一隻怪獸，長得如同狐狸卻帶有翅膀，所發出的聲音洪亮，乍聽之下，還以爲是鴻雁的叫聲。這怪獸有個名字，叫作「獙獙」，只要看見牠的出現，天下必有大旱。

又有一種獨眼旱怪薄魚深藏在鬲水裡，這種魚的形狀像鱣魚，卻只有一隻眼，嘴中常常發出「嘔嘔」之聲，如同人的嘔吐聲一樣。薄魚是旱魃的使者，牠給人間帶來的是乾旱消息。

子桐河發源於子桐山，往西流入餘如大澤，在此河水中，生有許多雙翼的旱怪「鰨」，這種魚的叫聲如鴛鴦啼鳴，常閃爍著灼熱的紅光，翻飛在水面上。牠也是招致旱災的罪魁。只要是牠出現世間，則表示不久

怪獸獙獙長相有如本圖中的狐狸，只是多了雙翅膀。

天將不雨，氣候乾旱，要有旱災發生。
　　濛水裡的蠃魚有一對鳥兒似的翅膀，叫聲如同鴛鴦般地細軟。這條洪災魚如果像鳥兒一樣凌空高翔，那麼這一帶的山峰將化成孤島，桑田即將變成滄海。
　　至於洪水神話，以共工頭觸不周山，引起水潦積蓄以及大禹治水的神話是最有名的。另外在旱魃神話中，曾被黃帝召喚對抗蚩尤，具有蓄水能力的應龍，在被蚩尤重傷後，再也無力振翅高飛、回歸天庭，於是悄悄地跑到南方的山澤裡隱居。由於龍屬水性，所居之地雲氣水分自然匯集而來，這就是至今中國南方多雨的緣故。許多年後，應龍復出，助禹探測水脈、開江河，成為治水功臣之一。
　　另外，如同旱災神話一樣，也有些奇鳥異獸與水災有密切的關係，牠們若現於世，則天下有大水：空桑山有一種獸，狀如牛而有虎紋，音細如呻吟，名叫「軨軨」，牠一出現就會發生大水。
　　剡山之上也有一種獸，名叫「合窳」，牠的形狀長得如豬一般，而臉孔則為人面，聲音如嬰兒叫聲，會吃人，也會吃小蟲和巨大蟒蛇，牠的出現也是將有大水的徵兆。

旱災神話中有許多奇形怪獸與旱災有密切的關係。

五、癘疫與醫藥之神

古代人把「白蜚」視爲癘疫的原形。牠是一種獸，長得像牛一樣，頭上長著白毛，如同戴著白帽；只有一隻眼睛，帶著蛇狀尾巴，若是把牠放在水中則水會乾涸，牠若是踩在草地上，草原便會枯死；若牠出現在世間，則顯示著瘟疫即將流行。

又有一種說法，謂主瘟疫疾病的是個叫「伯強」的，撞到了非死即病。後來傳說五帝中顓頊所生的太子中，有三個死後變爲疫鬼：一個潛伏在江水中，是「瘧鬼」，專門傳染瘧疾病菌；一個鎮守在若水叫作「魍魎」，夜間施展迷惑人的鬼蜮伎倆，引誘行人失足墜河；另一個則住在百姓家宅內，喜歡附在孩童身上，常常製造噩夢來恫嚇小孩，使小孩受驚生病，人人稱他爲「小兒鬼」。因此一般人家每年總是要找些相命之士，來到家中唸咒驅邪，以免遭受瘧疾受驚之災。

關於醫藥的神話，中國神話中說到有一座靈山，上面長著各種藥草，能醫治各種疾病，有十位巫醫——巫咸、巫即、巫盼、巫彭、巫姑、巫眞、巫禮、巫抵、巫謝、巫羅，他們住在靈山上，澆灌培植這些仙草神藥。這十位醫藥之神，每天穿梭在生死百藥間，採集藥草，上下於天上人間，替病人配方送藥，異常辛苦忙碌，功德無量。

第四篇

神仙與鬼怪的異想世界

最後，漸漸由釋、道、儒等幽冥觀念混雜而成的，則是眾所皆知的十八層地獄和十殿閻王的領域……其中第五殿，閻羅王：掌管油鼎地獄（第九地獄），凡盜竊、誣告、敲詐及謀財害命者，令其下油鍋。

一、神靈世界

人類是群居的，所以古代中國人所想像的神仙們也是聚集而居的。遠海上的島嶼，遙遙可見，但可望而不可及，再加上海市蜃樓的幻覺，於是成爲海上仙島；陸境上的最高峰，高不可攀，而且經常在虛無飄渺間，於是也成爲神話中眾神的住處——西方神山。

東方仙島

在渤海的東面，不知道幾億萬里的地方，有一個深不可見底的大深谷，名叫「歸墟」，百川海洋的水和天河的水都往這兒流。

歸墟裡面，據說聳立著五座高山，它們分別是岱輿、員嶠、方壺、瀛洲、蓬萊。五山高高低低共佔地三萬方里之多，山上平坦之地總計達九千多萬方里，各山遠近相鄰，每山約相隔有七萬里的距離。山上有黃金打造的宮殿，白玉築成的欄杆，是神仙們居住的地方。那上面所有的飛禽走獸都是素白的顏色，到處都生長著珍珠和美玉。這些樹也開花結果，所結的果子吃了可長生不死。仙人們在此快樂幸福地生活著。他們整天悠閒自在，騰雲駕霧，往返於各山間，常常在一晝夜之內，一座山可以有數百位神人仙子的來來去去，眞是異常熱鬧。

唯一美中不足的是這五座山都虛浮在大海當中，下面沒有生根。平常還好，一遇風波就會漂流無定。諸神眾仙常常白天出外遊蕩，到晚上就找不回住處了。他們深受此苦，於是共同商議，決定派遣代表到天帝那裡訴苦。

天帝忖道，神山漂流無定倒是小事，一旦風波過大，讓無垠的神山漂流到北極，沉沒大海裡，失去仙人們居住的地方，卻是可慮的。因此召來役使靈龜的海神禺彊，命令道：「禺彊，你馬上選派十五隻大龜，把牠們分成三個班次，令牠們每隔六萬年換一次班，這樣一個班次可有五隻大龜值守，剛好每隻大龜可負有一座山。這樣有大龜附著於海底，這五座山應該不會到處漂流了吧？」禺彊接到命令，不敢延遲，馬上遵照著命令去辦，這五座山才得以屹立在渤海之東。

孰料這五座山的命運多舛，剛剛才傲立在渤海之東可以不再東漂西蕩時，卻又遭受了一場禍殃。原來在距離這五座山數千里的地方有一「龍伯國」，這龍伯國的人都是長得高大魁梧的巨人，只要走上六、七步，就可以踏在五山之上。就在這五山穩立在東海之中未久，因龍伯國缺乏占卜的用具，他們就打主意打到五山下巨龜的身上，於是選派出國內最健壯的勇士，兩三步就走到五山附近，一手撈起岱輿、員嶠二山的六隻巨龜，兩手各提三隻，帶回龍伯國內，把龜殼剝下來以供占卦之用。這可苦了岱輿和員嶠兩山了，兩山無可依憑，越漂越遠，最後流到北極，沉入北方靜謐無極的深海之中。幸好常駐這兩山的諸神眾仙們，早已陸續遷往他山，而總共有十萬多的仙人被迫飄泊異方。

歸墟裡的五座神山，沉沒了兩座，還剩三座，這三座就是蓬萊、方丈（即方壺）和瀛洲，還是由巨龜們好好地背負著，但自龍伯國的巨人來搗亂之後，海上神山的名聲卻傳揚開了。於是這無垠虛無之中的仙鄉，吸引了許多想以有限之生命去征服無限時間的人們，誰都想到仙山一遊。連雄才大略的秦皇武漢，也相信齊人徐福和方士李少君的話而派人到蓬萊去尋找長生不死的仙藥。

在中國的正史裡，《史記》、《後漢書》等，都記載了秦始皇命徐福海上求仙的故事：由於帶著數千童男童女的徐福，再也沒有回到中國，因此傳說他到了日本，成爲日本人的祖先，也就是神武天皇。現今日本紀勢本線新宮驛東一百多公尺的地方，有塊石碑寫著「秦徐福之墓」，碑文是朝鮮人李梅溪寫的，建於一七三六年。離石碑不遠處有一座阿須賀神社，其中有徐福祠，當地熊野川後方的山叫作蓬萊。

縱然秦始皇海上求仙的故事，已告訴了後人仙山與不死只是一個虛無飄緲的夢想，但是後世依然有無數帝王重蹈秦始皇尋夢的覆轍，當漢武帝聽到李少君告訴他：「臣曾經巡遊海上，遇到一個名叫安期生的仙人，他給了臣一個大如瓜的仙棗……」的時候，他又派出方士到海上尋仙。多情的唐玄宗也曾命臨邛道士上窮碧落下黃泉地尋求遍地，但也無法再找回已成白骨的楊玉環了。

西方神山

現在中國地理上的崑崙是從新疆塔里木盆地向南延伸到西藏的山脈，在古代神話裡，崑崙卻是人們心目中的仙鄉。

傳說中的「崑崙神山」的面積有八百里大小，高於海平面達數百萬丈，是天上諸神在地上的「下都」，是連接天上和人間的天柱，有天門通向天上。

崑崙山上的花草樹木，最高的可達五尋（古尺名，約五千尺），最粗的樹，五個人都無法合抱它的樹幹。其中有一種沙棠樹，其葉如棠，黃花赤果，味甘如李，據說吃了以後可以長生不死；另有一種草，叫蘋草（蘋音同蘋），長得像葵草一樣，吃下去可以永保青春。

在整個崑崙仙鄉有九口水井，每口井周圍都有玉製的欄杆圍繞裝飾著；整個山境上共有九座關口，每座關口都建築著堅固的城門，門上有開明獸守衛著，開明獸的面孔長得像人樣，身軀如虎，卻是有著九個頭的奇獸，牠的九個頭都是面朝東，神情嚴肅地站立著。還有一種奇怪的動物，名叫「土螻」，長得像羊，頭上生著四隻角，非常兇悍，能把人吞下去；另有一種兇毒的鳥，長得像蜜蜂，卻比蜜蜂大出數十倍，如鴛鴦般大，身上藏有劇毒，任何鳥獸被牠的毒液射中便必死無疑，任何花草樹木，碰到一點牠的毒汁，不到一刻鐘就枯黃謝落，這種可怕的鳥名叫「欽原」；另有一種叫「鶉鳥」的，全身火紅，是管理天帝的各種器物寶藏的。

整個崑崙山，由陸吾神負責治理諸事雜物。陸吾神長得也非常奇特，有人的面孔，身軀四肢卻是虎形，手長著虎爪，有九條尾巴，身上都長有白色的斑點。住在崑崙山上的諸仙眾神們，吃的是琤玉寶石，喝的是瓊漿玉液，他們的壽命無極，與天地同存；他們的德行，和日月的光芒一般，燦爛四射。

在崑崙神山的北邊另有一座槐江之山，這是天帝的後花園，爲眾神遊樂嬉戲的場所，又有個很好聽的名字——懸圃。懸圃內產多種寶石礦藏，有金、銀、琅、玕、玉、琤、丹沙（紅寶石）等。園內長滿了繁茂高大的瑤木、若木，更有一個池塘，位在懸圃的中心之處，叫作「瑤池」，

古代神話的崑崙仙鄉，在現代地理上位於從新疆向南延伸到西藏山脈之處，但現今的西藏高原其實與仙鄉也相差不遠了。

由西王母戴勝執管，至於照管懸圃的職務則由「英招」神負責。英招長得也十分神怪，身軀如馬，面如人，有鳥狀翅膀，身上紋理如虎紋，他最大的嗜好是遊玩異地、雲遊四方。

後來崑崙、懸圃這兩個神靈奇界，更被傳說成空靈美幻的樂園：崑崙之上已無可怕毒人的土螻、欽原之類禽獸，而飛來了許多鸞、鳳等祥瑞禽鳥，更長有珠樹、玉樹、絳樹、碧樹等玉葉瓊漿，成了一處祥和溫煦、芳香馥郁的天地。

懸圃則成了依山傍水、山林青蔥翠綠，泉水四湧，溪水小河隨處穿流的靈妙之地：遠空蔚藍、陽光和暖、微風拂面、百鳥走獸雜然相處、眾神與獸相嬉戲，到處都是溫馨欣喜的景象。

二、幽冥之土

中國的神話故事之中，雖然沒有天堂、地獄的明顯區分，但是也有個與地獄性質相近的冥界存在。

幽都

幽都是最古老的地獄，由后土所管理，其內陰森恐怖，裡面住著的全是黑色的鳥獸，有玄鳥、玄蛇、玄豹、玄虎、玄狐；居民分兩種，皮膚也大半都是黑色的，有全身是黑的玄丘之民，以及膝蓋以下全是赤紅色的幽國赤脛之民。

在幽都的門口，站著壯如牛的守衛兵士「土伯」，他扭動著九曲的身體，搖晃著用以害人的利角，睜著虎頭上三隻大大的眼睛，揮動滿塗著人血的手指，在那兒張牙舞爪地恫嚇著，企圖捉拿每個經過幽都門前的人。

地獄

中國的地獄，經過不斷的演變，愈來愈複雜。傳說自太昊伏羲氏封泰山之後，歷代帝王都有封祀。東嶽大帝原是齊國的上

民間相信人死後都要接受審判，此圖就是人死後被逮往地獄的想像圖。

帝，後來道教將他封爲道教地獄之上帝，名爲泰山府君、天都府君等。之後漢族地區皆建有東嶽廟。在民間信仰中，東嶽大帝的權限很大，他被奉爲管轄陰陽兩界的大神。就連佛教中的地獄上帝閻羅王及道教中的地獄之王酆都大帝，統統是他的屬下。

最後，漸漸由釋、道、儒等幽冥觀念混雜而成的，則是眾所皆知的十八層地獄和十殿閻王的領域。十殿閻王和十八層地獄圖像如下所述。

第一殿，秦廣王：保送生前善人到西天極樂世界，將惡人打入地獄受審。

第二殿，楚江王：掌管割舌地獄（第一地獄），凡生前讒言害人、挑撥離間者，割其舌頭；剪刀地獄（第二地獄），剪掉誘拐婦女者之手指；吊鐵樹地獄（第三地獄），凡挑撥父子

西方世界所描繪的地獄景象。

兄弟失和者，倒吊於鐵樹之上。

第三殿，宋帝王：掌管鏡公地獄（第四地獄），不認罪者，一照便善惡分明；落蒸地獄（第五地獄），長舌婦女及誣陷人者，送入蒸籠。

第四殿，五官王：掌管銅柱地獄（第六地獄），凡殺人放火者，讓其抱熱銅柱；劍山地獄（第七地獄），凡殺生及褻瀆神佛者，令其裸體上劍山；寒冰地獄（第八地獄），凡通姦殺夫、教人賭博、不仁不孝者，令其裸體坐冰。

第五殿，閻羅王：掌管油鼎地獄（第九地獄），凡盜竊、誣告、敲詐及謀財害命者，令其下油鍋。

第六殿，卞城王：掌管牛坑地獄（第十地獄），凡傷人殺生者，綑縛於柱，縱牛衝撞踐踏；石壓地獄（第十一地獄），凡絞死人者與壓死嬰兒者，用石壓殺；椿臼地獄（第十二地獄），凡浪費五穀者，用椿臼殺。

第七殿，泰山王：掌管血池地獄（第十三地獄），凡褻瀆灶神與公婆之產婦，不孝敬老人，虐待前房子女，不貞尼姑，誘拐婦女爲娼者均浸入血池；枉死城地獄

第五殿的閻羅王，掌管油鼎地獄，也就是俗稱的「下油鍋」。

（第十四地獄），咬死、吊死、自殺者，監禁於此。木櫟地獄（第十五地獄），凡犯有盜墓或侵犯死者行為的，釘以木櫟。

第八殿，都市王：掌管刀鋸地獄（第十六地獄），凡犯忤逆不孝者，即歸八殿審判，八殿又有車崩、碎刮、開膛等十六小地獄；落磨地獄（第十七地獄），僧道不惜米糧，淪為盜賊殺生者，投入石磨。

好人亦先至地獄報到，然後才被引渡上西天。

第九殿，平等王：掌管火山地獄（第十八地獄），凡破戒僧道及放火燒山者投入火山。

第十殿，轉輪王：掌管最後判決，令惡人轉生禽獸或使其永不轉生。善人則護送至西天極樂世界。

三、遠方異民之國

數千年前的大禹爲了平治洪水，曾經遊歷了九州土地，天下萬國，見過不少奇人異事，據說他和他的助手伯益因此寫了一部《山海經》，把所見的種種都記載在那上面。

南方海內諸國

禹踏遍九州四海，勘察地形，因勢利導，治理水患。他自海內東南隅起程，穿越東甌、七閔，一路西行，途經鬱水流域。鬱水南岸分布著伯慮、離耳、雕題、北朐諸國。這些國家的人民不食五穀，只吃蚌肉和山藥；雕題國的女子，世稱「繡面女」，她們行成年禮的時候，要在額頭、面頰上刺繪精細的花紋。

北朐國西邊的山林裡有一個梟陽國。梟陽人渾身黑毛，腳跟在前，腳趾朝後，嘴唇異常肥大。這些黑毛大嘴的人形怪物性嗜食人，常抓住被俘者的雙臂哈哈大笑，直笑得嘴唇上翻把眼睛連同額頭一齊蓋住，笑夠之後才開始下口。附近的人利用梟陽人這一特點，在手臂上套兩根竹管，待他捉牢大笑之際，從竹管中抽出手來，順勢將他的嘴唇釘在額上，使之喪失視力，束手就擒。森林中還出沒著虎頭鳥足的黑人，專門捕食蝮蛇巨蟒。

梟陽國西北方是盤踞於蒼梧之野的九嶷山。九嶷山東邊有浩浩蕩蕩的兕群，西邊有聚族而居的猩猩。

無力載舟的弱水從猩猩窩的西邊流過，河畔聳立著直入雲霄的神樹建木。建木頂端有九根盤曲的枝幹，底下有九條交錯的老根，中間無數橫逸旁生的枝條，它葉色青翠，莖色紫赤，開黑花，結黃果，木質像刺榆，撕下的樹皮恰似冠纓與黃蛇，據說，它是一條通往天國的階梯。

梟陽人長相，是渾身黑毛的大嘴怪物。

氐人國在建木的西方。氐人腰腹以上是人，有頭、胸、雙手，腰腹以下是魚，有鰭、尾、魚鱗。氐人是炎帝之孫靈恝的後裔，沒有腳，但能乘雲御風而行。

氐人國的西北是杳無人跡的恐怖谷，那裡盤踞著無數逐鹿呑象的巴蛇。恐怖谷西北的亂山中，有成群結隊的毛犛馬；犛馬與犛牛一樣，尾毛蓬生，全身布滿了長毛，即使睡臥冰雪之上也絲毫不覺寒冷。

巴國在猩猩部落的北方；伏羲有一個兒子叫咸鳥，咸鳥的孫子后照是巴人的祖先。

當地流傳著巴人建國的故事：巴氏族與其他四個氏族居住在武落鍾離山的洞穴裡，五族人互不統轄，各自爲政，屢起爭端。五族長老商議，各族推選一名代表比試神通，勝者即爲五族首領。比賽的第一個項目是擲劍擊石，四族代表擲出的短劍碰石而落，唯巴族代表務相奮力一擲，利劍深陷石中；第二個項目是坐雕花土船過河，四族的土船遇水即化，只有務相的船到達彼岸。結果，五個氏族合而爲一，總稱巴族；務相擔任巴族酋長，號曰廩君。

五族和睦共處，沒有了掠奪和殺戮，人口自然迅速增長。原來的洞穴不夠住了，周圍的土地也不夠種植莊稼，於是廩君決定帶領族人尋找新的樂土。

巴族人乘船順夷水而下，不到數日即到了鹽水之陽。美麗的鹽水女神愛上了英武的廩君，想要留住他，所以對他說：「我這裡土地廣大，魚鹽產量豐富，讓我倆永遠在這裡長相廝守下去吧！」

廩君雖然也愛慕鹽水女神，卻覺得這片土地不夠廣闊，只能強忍心緒。他回說：「妳的情意我終身難忘，但是我必須走。我帶我的子民從遙遠的北方經過千山萬水，爲的是尋找一塊可以建國的新土地，在我們未安居以前，

氐人，人面魚身，無腳，具神通。

我將帶著他們繼續尋找下去。」

鹽水女神明知她的情意留不住廩君，但卻癡心地不肯放手。於是她每天夜裡跑來廩君住處守著她的情人，而一到天將亮的時候，她就幻化爲億兆細小飛蟲，遮天蔽日，使天地一片冥晦如永無止盡的漫漫長夜，彷彿天永遠不會亮，廩君也就永遠走不了。

七天七夜過去了，天地依然晦冥如夜。沒有陽光，廩君不能辨別方向，無法啓程，他知道這是鹽水女神的詭計，他也知道這是鹽水女神爲了一份執著的愛情所用的最後手段，但爲了全族的子民，廩君還是做出了痛苦的抉擇。

他派人送了一縷青色的絲帶給鹽水女神，並且告訴她說：「廩君願意與妳永結同心，白頭到老。這一縷青絲寄託著廩君對妳的情思，妳要時刻帶在身上。」

愛情令人盲目，鹽水女神欣喜地把青絲繫在髮上。清晨，當她再布下漫天飛蟲的時候，那青絲隨著微風，飄飄蕩蕩地在天空飛舞。而站在鹽水岸邊巨石上的廩君卻一動也不動地注視著這條翻飛的青絲。

三天三夜過去了，廩君依然動也不動地注視著風裡的青絲。第十天，石上的廩君動了，他緩緩地舉起手上的弓，拔出了他的箭，射向那縷青絲。

一聲巨響過後，一道閃光突然刺進每個人的眼睛裡，群蟲散盡，天就開了。鹽水女神恢復了原形，她的髮上繫著情人送給她的青絲，她的頭上插著情人的利箭，她的身體隨著衣袂飄揚，從空中輕輕地墜下，落到鹽水的滔滔波浪中。

巨石下的群眾頓時歡聲雷動，石上的廩君卻呆若木雞，低頭望著滔滔逝去的鹽水。

太陽照耀在鹽水河上，廩君帶領著他的族人再度啓程出發，去尋找夢中的家園。他們越過了無數的山，渡過了無數的河，最後到了夷城的一個巨大石洞之中，前面再也沒有路。在絕望之中，廩君仰天而嘆：「想不到我們離開狹窄的山洞，歷盡艱辛，跋涉千里，誰知又陷入了石洞，難道我們的命運是注定了在晦暗的石洞過一生……」他拔出了他最後的一枝箭，射向洞頂。

突然，洞頂的石塊崩裂下來，現出了一道石梯，廩君帶著他的族人沿梯而上，出了石洞，石洞上是一片美麗的原野，有青青的草，有流向遠方的河，他們找到了自己建國的新土地。

廩君和他的族人在夷城建立了他們的巴國，這就是後來發展爲中國西南方最強大的巴族，巴族曾經參加過武王伐紂的戰爭。廩君死後，魂魄化爲白虎，巴氏族爲他立祠，每年以人爲供。據說廩君的後裔鱉靈，死後屍體逆江而上，流到了蜀國卻又復活，蜀國的望帝杜宇以他爲相，因爲治水有功，望帝就把國位讓給他，自己隱於西山。這個廩君巴族的後裔鱉靈，就是開明帝。

西方海內諸國

禹從南方海內輾轉行至西方海內。位於海內西南角的流黃酆氏國在氐人國的西方。這個國家以巴遂山爲中心，道路四通八達，方圓達三百里。

流黃酆氏國的西北方是萬里流沙。流沙隨風兒波動，人馬踏在沙上，會帶動百步之外的黃沙，哄哄響著如同行走於金色的幕布上；腳下的沙子雖似堅實，但是如果一人下陷，那麼其餘人馬車輛也即刻隨之陷落，甚至有百餘人平地陷入而無一倖免者。

流沙的東邊有埻端、璽喚等國；西邊有大夏、豎沙、居繇、月支諸邦。大夏疆域縱橫三百里，分數小邦，那兒氣候溫和，適宜五穀生長。月支國盛產各色香瓜甜果，牧養的良馬、肥羊也遠近馳名。

美玉之鄉白玉山國在大夏國的東邊，蒼梧國在白玉山國的西南，這兩個國家都位於流沙之西。

西方海內的東部有一個名聞遐邇的農業大國，名叫西周。西周國人姓姬，他們的始祖后稷曾經到天上去將各種農作物的種子帶回人間，后稷的侄兒叔均又倡導使用牛力耕作。

后稷的母親乃帝嚳元妃姜嫄。春天的早晨，雨後新晴，姜嫄偕宮女郊遊踏青，偶過池沼邊緣，發現潮濕的泥地上有一個極大的腳印，她好奇地舉足踩在腳印上，回到帝宮不久就懷孕了，生下一個兒子。姜嫄踐巨物足跡而結胎，她以爲那巨物非獸即魔，所孕的孩子也必定是禍國敗家的不祥之物，便吩咐僕人將初生嬰兒帶出宮去，暗地裡拋棄。

老僕人將那嬰兒棄在宮牆外的狹巷裡，企圖讓牛馬亂踣把他踏成肉泥，好絕了禍根。誰知道來往的牛馬卻都小心翼翼地避開那嬰兒，生怕碰痛了他。老僕人只得抱著孩子離開王城，步入森林密處，企圖讓他葬身虎口狼腹，哪曉得森林內東有捕獸的獵人，西有砍柴的樵夫，虎狼根本無法下手。老僕萬般無奈，乾脆順手把懷裡的嬰兒擲在溝渠寒冰之上，剎那間奇蹟發生了，無數的小鳥從天際飛至，牠們有的墊在孩子的身下，有的蓋在孩子的身上，密密麻麻，重重疊疊，恰似一條溫暖的羽絨。老僕既訝異又害怕，急忙抱起嬰兒，奔回王宮，向姜嫄稟報了一切。

姜嫄聽說這孩子如此靈異，轉憂為喜，道：「我兒顯示了種種神跡，表明了他是個偉大的神祇。他曾被遺棄，就取名叫棄吧。」

棄自小精擅農業，能相地之宜，種植谷菽瓜果，收獲的果實總是格外肥大又香甜，遠近百姓紛至沓來，向他討教耕稼的本領。堯帝聞之，聘任棄做農師，請他指導群國的農務。舜帝執政，封棄於邰，國號西周。棄以農業立國，稱后稷。

北方海內諸國

禹北上，至北方海內。釘靈、匈奴、開題、列人等游牧國家，都位於海內西北角。釘靈人聲音如雁鳴，小腿、腳掌似馬脛、馬蹄，膝以下布滿長毛，人稱飛毛腿，萬米長跑的速度勝過奔馬。

從列人國東行數百里，就到了犬封國。犬封也叫犬戎，犬戎人長著狗頭狗尾，人的身軀，他們的祖先是帝嚳的愛犬盤瓠。

帝嚳兼任人間帝王的時候，後宮有個大耳朵老宮女患耳痛之疾，經年不癒。後來請御醫用金針挑治，竟從耳內挑出一條大小如蠶的金蟲來。老宮女把這條蟲養在瓠籬內，又用盤子蓋住。金蟲長大，變成一條五色斑斕的神犬，因為牠是在盤子和瓠籬裡養大的，所以就叫作盤瓠。帝嚳甚愛此犬，行坐隨身，寸步不離。

那時忽有房王作亂，帝嚳憂心忡忡，降旨招募天下豪傑：「若有能夠斬下房王頭顱來獻者，賜予千金，賞給美女。」群臣看見房王兵強馬壯，料難獲勝，都不敢去冒險。下詔那天，盤瓠失蹤了，一連三日，杳無蹤跡，帝嚳深以為怪，但軍情緊急，無暇顧及。

原來盤瓠離開宮廷，一直奔至叛軍營壘，對房王搖頭擺尾，獻媚乞憐。房王高興得手舞足蹈，向左右臣僚說道：「好兆頭！連帝嚳的狗也來投奔我了，可見他已眾叛親離，我是人心所向。」當晚大擺宴席，作樂誌慶。深夜，房王醉臥軍帳，盤瓠潛入，悄悄咬下他的頭顱，飛快地奔回宮來。

帝嚳看見愛犬啣了敵人的頭歸來，不禁大喜所望，便叫人拿出大盆的美味肉糜犒賞牠。誰知盤瓠嗅了嗅肉糜，悶悶然低吠幾聲，懨懨地走到屋角躺下，整整一日一夜，不食不吠，帝嚳呼牠也不理睬。帝嚳心中納悶，便說：「犬啊，你不肯飲食，不願動彈，莫非是怨恨我功高不賞？我現在依約定賞賜你，怎麼樣？」盤瓠聞言，即起身跳躍。帝嚳就封盤瓠爲千戶侯，賜給美女五名。盤瓠與美女生下三男六女，男孩雖具人形，猶有犬首犬尾。後來子孫昌盛，遂建成犬戎之國。

犬戎國的東北面是鬼國。鬼國人姓威，以五穀爲食，自稱少昊之後裔。他們有人的面孔及蛇的身軀，額頭下僅生一隻眼睛。

從鬼國往東，越過惡獸饕犬、窮奇的巢穴，便到達蟜人的部落。蟜人的小腿肌肉特別發達，身軀上有虎皮樣的花紋。

蟜人部落以東，是闒非族、環狗族、袜族、戎族和林氏國。闒非族獸身人面，一身青毛；環狗族獸面人身，遍體黃毛；袜族腦袋烏黑，眼睛豎生；戎族人的頂上有三隻肉角；林氏國的國獸即是日行千里的虎形瑞獸騶虞。

林氏國東、雁門山北是漫衍千里的大澤，大澤亦稱瀚海，那是南來北往的候鳥生卵孵雛與脫換羽毛的所在。大澤的東面有東胡國、夷人及貊國。東胡人複姓慕容，他們的祖先是帝嚳的小兒子厭越。貊國與鉅燕國接壤，出產名馬、貂皮、紅寶石和大如酸棗的珍珠。

東方海內諸國

鉅燕國位於海內東北角，蓋國在鉅燕之南、朝鮮之北。朝鮮以東大海中有倭國，倭人以女子爲家長，倭女束髮爲髻，不知嫉妒。朝鮮以南有姑射國，姑射國西藐姑射山上住有一位神人，她的肌膚似冰雪般潔白，體態綽約如處子，不食人間五穀雜糧而餐風露宿，時而乘雲或御飛龍而遊乎四海之外。她神情凝靜，能夠使萬物不受災病，五穀年年豐收。

姑射東南方的茫茫大海中，則有虛無飄渺的仙人國瀛洲、方丈、蓬萊三山。

東方海外諸國

禹平定海內，接著飄洋過海，巡視海外各國。海外東南隅有一個大人國，大人國的居民個個高大如巨樹，以捕食鯨魚爲生。這個人種需要在母親腹中孕育三十六年，剛出生便已經是老氣橫秋的白髮巨人，還在蹣跚學步即會駕雲御風。大人族屬於龍的族類，遠古時候那個在東海釣巨龜的龍伯國大人，就是他們的先祖。

波谷山是大人國的國會山，大人們在山上的大人之堂內共商國是。

大人國北面的荒野是東方土師奢比的領地。奢比神擁有野獸身軀和人的頭顱，兩隻大耳朵上裝飾著兩條青蛇。

奢比領地的北方是君子國。這個國家的人腰懸長劍，衣冠端整，溫良謙恭，禮數周到，大有君子之風；又善於馴養斑斕猛虎，讓老虎看門、運輸、狩獵。他們除了食用家畜肉、野獸肉以外，還把國內盛產的木槿花當作日常食品。木槿花鮮豔芬芳，只可惜朝開暮萎。眾君子吃了這短命的花兒，卻人人長命百歲。

君子國北面幽深的朝陽之谷是水怪天吳的巢穴。天吳毛色青黃，老虎般的軀體上長有八顆人頭、八隻虎爪和八條虎尾，牠慣於興風作浪，與九頭蛇相繇可算是難兄難弟。

青丘國在朝陽之谷的北面。青丘國人穿絲帛，食五穀。那裡有一種四足九尾狐，既是食人兇獸又會幻化成美女，後來復成爲太平盛世的吉祥物，堪稱讓人歡喜讓人憂的動物。

青丘國的北面是黑齒國。黑齒人牙齒漆黑，以稻米爲主食，用當地驅之不絕、取之不盡的青蛇、赤蛇做菜餚。他們是太陽之父帝嚳的後裔，太陽的棲息地——湯谷，就在這個國家西北方的大海裡。

湯谷的東北面有一個雨師妾國。這國家的居民屬黑色人種，黑人們左耳掛青蛇，右耳佩紅蛇，兩手各握一蛇或各捧一龜；舞蹈祈雨，是他們謀生的職業。

玄股國在雨師妾國的北方。玄股人腰胯以下直至腳心皆烏黑如墨，他們散居在海岸邊，衣裳用魚皮縫製，食物以海鷗等鳥類爲主。

玄股國的北方是毛民國。毛民體格短小，臉上與身上長滿了箭鏃般的硬毛。這些毛人食用黍稷，終年不穿衣服，役使虎、豹、熊就像中原人使喚牛、馬、騾一般。

勞民國在毛民國的北面。勞民的面孔、手足、身軀全是黑色的，他們有事忙忙碌碌，無事也慌慌張張，坐臥皆不安定。他們的主食爲菜蔬瓜果。

北方海外諸國

海外東北隅有一片被桑林覆蓋的原野，人稱嘔絲之野。一名身披馬皮的柔美女子跪倚在桑樹上，連綿不絕地從嘴裡吐出潔白閃亮的細絲來；有時她拉攏馬皮裹緊身子，便即刻化成一條蠶兒。這女子就是蠶的老祖先。

她對禹敘述了傷感的蠶馬傳說：在太古之時，某戶人家中只

水怪天吳，住在幽深的朝陽之谷，八顆人頭、八隻虎爪、八條虎尾的模樣相當嚇人。

有父女二人相依爲命，雖人丁單薄倒也快快樂樂；同時還餵養一匹良馬，女兒頗爲喜愛就自己餵食。不幸父親爲官派往西疆戍守，唯恐邊地僻野，不敢攜女同行，決定將女兒留在家裡。女孩單獨在家，寂寞思父，只能經常向家裡的馬兒訴說苦悶。一日，女孩與白馬開玩笑說：「馬兒啊，如果你能把爹爹接回來，我就答應嫁給你，做你良妻。」

白馬聽到這個承諾，即掙斷韁繩，飛馳出門，不知道跑了幾天幾夜，終於來到女孩她父親在遠方的住處。父親見自家馬兒從千里外的故鄉跑來，既驚訝又高興，正要去拍撫牠的頸背，那馬卻回首望著歸鄉路，悲鳴不已。父親暗想：「這馬遠道而來，焦躁嘶鳴，莫非女兒出事了？」他趕緊躍上馬背，快馬加鞭，疾馳而回。

女兒忽見父親歸來，喜極而泣，她拭乾淚水，方始說明：「家中並無變故，只是女兒太想念父親，馬通人性，逕自去把您接回來了。」父親因此明白此馬善解人意，所以待牠特別優厚，常用上等的草料來餵養；但白馬總是懶洋洋的，不大肯進食，而每當看見小主人經過，就喜怒交加，奮蹄長嘶。

父親感到非常奇怪，便把女兒叫來問清原委。女兒曉得隱瞞不住，就將許嫁之語如實奉告。父親雖然愛馬，可絕不答應讓馬來做女婿，爲了避免傳出去有辱家門，遂趁著夜晚親自用弩箭射死了白馬，然後剝下馬皮，晾在院子內。

有一天，父親外出，女兒與鄰家女孩在院子裡玩耍，玩著鬧著不覺行至馬皮附近，女孩又半開玩笑、半認真地嬌斥道：「你這畜牲，還想娶我做媳婦嗎？你被殺了剝皮，是自討苦吃呢！」話未說完，馬皮突然掀起，捲住女孩，旋風似地轉出院門，頃刻間消失在曠野裡。鄰家女孩嚇得手足無措，過了好久，才想起去向女孩的父親報信。

圖中所繪為哀傷的蠶馬傳說。

父親四處尋覓，全無蹤影，許多天後，才在一棵桑樹的枝葉間，發現他那全身包裹著馬皮的女兒已經變成一條蠕蠕而動、吐絲自縛的蠶兒了。

禹聽完蠶女的故事，不禁動容、慨嘆。他離開嘔絲之野西行，不久來到了跂踵國。跂踵人身材很高，腳板特別大。他們的足關節與眾不同，走路時腳跟踏不到地面，只是五根腳趾著地，因此被呼爲「跂踵人」；他們的腳還是反轉生的，往南方走，腳印卻似向著北方，所以又叫作「反踵人」。

跂踵國的西方是拘瘻國（又作拘纓）。拘瘻人脖子上都長著碗大的肉瘤，走路時晃來盪去非常累贅，必須得時刻用手扶住。拘瘻國南邊還有一棵高達千里的通天大樹，叫作尋木。

禹在拘瘻國的西面堆積小石塊，壘起一道山一樣高的堤防，以預防洪水。用石塊築堤雖然小空隙容易漏水，但石頭積厚了，洪水難以撼動，比用樹木和泥土建堤要牢固得多；而且時間久了，石隙間會生長菌藻附著，能阻止水的滲透。禹在各地用他自創的積石爲堤防建造了很多大堤，均稱爲「禹所積石山」。

石堤築成之後，禹繼續往西，到達夸父國。夸父國人身形魁偉，手裡把玩著青蛇與黃蛇，他們是追逐太陽那位巨人夸父的子孫。夸父國東邊有一片茂盛桃樹林，乃是夸父木杖所化成的樹林。

夸父國西面的海中孤島上有一個

大禹像。大禹為了治水走遍各地，一路上也體會了各地的風俗民情。

擔耳國（又作聶耳）。擔耳國人乃東海神禺號的後裔，姓任，長相奇特，人人生有一對又大又長的耳朵，耳朵一直垂到肚臍下面，晚上睡覺時可以用一隻耳朵當被子，一隻耳朵做褥墊。耳朵太大了，走起路來只好用手捧著，才不至於甩前甩後，弄得頭暈脖子酸。擔耳人深諳水性，常常潛入海底撈起珍珠、珊瑚之類的寶物。

無腸國在擔耳國的西方。無腸人長得很高，腹腔內卻空空如也，無腸無胃，吃下去的食物，沒有經過消化，便暢通無阻地直接排泄出來。這些無腸人也姓任，是無啓人的分支；無啓人是柔利人的後裔，而柔利人屬擔耳人的旁系。

無腸國的西方是深目國。深目人眼眶凹陷，主食魚類。曾有人作詩嘲曰：「去年一滴相思淚，今日始流到腮邊。」

再往西就到了柔利國。柔利人只有單手單腳，膝蓋反轉向後，腳心翻捲朝上，看上去像折斷一樣，這是由於他們渾身沒有骨頭，可以將軀體任意捲疊絞曲的緣故。

柔利國的西邊是一目國。一目人的獨眼長在鼻梁的正上方，他們與北方海內的袜族人同種同族。

無啓國在一目國的西方。無啓即無繼，意思是沒有子嗣。這些沒有子嗣的人不分男女。生活簡單，有時撈幾條小魚充飢，有時挖數勺泥土果腹，有時僅靠呼吸空氣養生；活著同居洞穴，死了葬於墓穴，心臟卻未曾停止跳動，一百二十年後又可復活。在這裡死亡等同黑夜睡眠，沒有生老病死之苦，但似乎也缺少了人生的燦爛和歡樂。

西方海外諸國

無啓國的西鄰，是位於海外西北角的長股國。長股人上身的尺寸與普通人相近，兩條腿卻長達三丈，他們下海捕魚，根本用不著舟船。

長股國之南是肅愼國。肅愼人以岩洞爲屋舍，以豬皮做衣服，冬季在全身塗抹厚厚一層野獸油脂，用來抵禦風寒。國內出產一種雒棠樹，樹皮柔軟而堅韌，剝下來做衣裳，比豬皮更保暖、更耐穿。肅愼人擅長騎馬射箭，他們使用的弓足有四尺來長。

再往南就到了白民國。白民膚色如銀，連披散的長髮也恰似銀絲。白民國的國獸是模樣像狐狸、背上有兩隻肉角、甚至可壽至兩千歲的乘黃獸。乘黃健步如飛，亦稱飛黃。成語「飛黃騰達」，即是以乘黃飛馳來譬喻人的驟然貴顯得志。

水陸兩棲的龍魚棲息在白民國以南的山陵中。龍魚頭頂獨角，形同鯉魚，成精後能騰空飛翔。神仙們喜歡用龍魚精當坐騎，去周行天下。

龍魚有著鯉魚般的外形，另一說則像是狐狸，據信這傳說中的動物應該就是穿山甲。

諸沃之野在龍魚棲息地的南方。這是一片豐饒的土地，紅鸞在這裡唱歌，彩鳳在這裡舞蹈，各種各樣的飛禽走獸在這裡和睦相處。人們承接天降之甘霖爲飲料，拾取遍地的鳥卵當食物，日用的衣食大自然都會慷慨贈與，不用自己勞作。

從沃諸之野朝南走，翻越窮山，就進入了軒轅國的疆界。軒轅國以其西北部的軒轅丘而得名，軒轅丘的形狀如同金字塔，塔基下四條巨蛇首尾相接，圍繞四周。路過軒轅丘的商旅，無不頂禮膜拜；窮山上的獵人也不敢向西方射箭，怕觸怒軒轅黃帝的威靈。這個國家的人是黃帝的苗裔，有人的臉和蛇的身子，尾巴纏繞在額頭上，他們的壽命極長，最短命的人也可以活到八百多歲。

軒轅國之南是女兒國。黃池環繞在女兒國的周圍，成年女子入黃池沐浴，即可受孕，若產下男嬰，三年內必定夭折，只有女孩才能在這個國度長大成人。

巫咸國在女兒國的南方。這是一個由

軒轅國之民，此國以境內的軒轅丘而得名，人民雖有人臉卻長著蛇的身體。

巫師組成的國家，國中最著名的有巫咸、巫即、巫盼、巫彭、巫姑、巫眞、巫禮、巫抵、巫謝、巫羅十大巫師。巫師們左手持赤蛇，右手操青蛇，每天匆匆忙忙地沿著登葆山上下天庭，履行上訴人民願望、下達天帝意旨的職責，同時也採集些山中藥物，用來醫療人間的疾病。巫咸國郊的叢林裡伏藏著前後各有一顆豬頭的黑毛怪豬，名叫并封。

丈夫國在巫咸國的西南方。丈夫國的男子們穿戴整齊，佩掛刀劍，頗具大丈夫的威儀。這些男子終身不娶，每個人卻能生兩個兒子，有的是從形體中分離出兩個影子，待影子凝聚成形，父親便悄然死亡；有的乾脆由左右腋窩產子。

丈夫國的南邊有一座煙籠霧鎖的猛惡林子，五彩的人面飛禽維鳥專揀林中枯樹築巢。維鳥披頭散髮，面容慘淡。牠沙啞的叫聲在哪國響起，

關於女兒國的傳說曾出現在《西遊記》、《鏡花緣》等古典小說之中。

就象徵哪國敲響了亡國的喪鐘。

維鳥之南、兩河之間的寒荒國，是侍奉神的女祭司們所住的地方。女祭司用酒肉饗神，用歌舞娛神；禱告和祭祀，爲她們日常的功課。

由寒荒國往南走，繞過常羊山，就到了奇肱國。三隻眼睛、一隻手的奇肱人是天才的機械師，靈巧精緻的捕鳥器和借風升騰的飛行車全出自他們的創造。飛行車能載人運物，起落方便，不需要寬闊的機翼、漫長的跑道，與現代的直升機近似。幻想是科學的原動力，製造飛行器升空的觀念，比起借助羽翅翱翔的想法要進了一大步。

奇肱國的南邊是一臂國，一臂人非但只有一條胳膊，連眼睛、鼻孔、耳朵、腳也僅剩一隻，他們實際上就是半體人，要兩個人合在一

在《山海經》第十一卷《大荒西經》出現了丈夫國、奇肱國、一臂國、三身國等奇異民族的介紹。

起才能自由行動。一臂國裡的黃色虎紋馬，也與一臂人一樣，僅半片身子，須雙馬併肩方能成行。一臂國附近的荒野裡生活著三面一臂人，這些人餐風吸露，長生不死，據說亦是帝顓頊的後代。

西方海外最南面的國家，是一臂國的南鄰三身國。三身人姓姚，是舜與娥皇的後代，他一個腦袋指揮三個身子，總顯得有點兒笨拙，但手多力氣大，做起事來都是一個抵三個。三身國南部丘陵上有一種青、紅、黃三色羽毛的神鳥滅蒙，滅蒙鳥人頭鳥身，會講人話。

奇肱國的人民三隻眼睛一隻手，卻是機械天才。

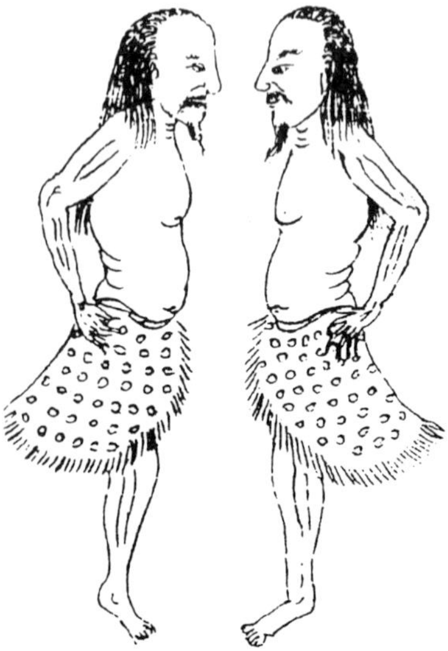

一臂國的人民需要兩人合在一起才能自由行動。

南方海外諸國

位於海外西南角的結胸國在滅蒙鳥的西南方。結胸人遺傳雞胸症，胸前都凸出一大塊尖削的骨頭。

從結胸國向東南方走，攀越南山，穿過洪澇怪比翼鳥棲居的林子，就到了羽民國。羽民白頭髮，紅眼睛，頰長嘴尖，身披羽毛，背插雙翅，能飛卻不可及遠。他們拾鳥蛋爲食，形貌似鳥，也像鳥一樣卵生，是道道地地的鳥人。

◓ 三身國的人民是舜與娥皇的後代。

羽民國東南方的曠野裡，有十六個面頰瘦削、肩膀赤紅的夜遊神晝隱夜現。夜遊神們肩併肩，手挽手，在星光下替天帝守護著這片曠野。

縱火狂畢方鳥（亦作華方鳥）在曠野以東，青水以西。青水東岸屬讙頭國。讙頭國人是堯的臣子讙兜的子孫，他們跟隨讙兜造反，又跟隨讙兜南逃，最後在南方海外建立了這個國家。讙頭國人長著鳥似的尖嘴和羽翅，但有翅不能飛翔，只能當拐杖使用，那尖而長的鳥嘴倒有助於他們在海邊捕魚抓蝦。

讙頭國的東南方是厭火國（厭同饜）。皮膚漆黑、形同猿猴的厭火人嗜食火炭，不僅性如烈火，而且能噴吐火焰，焚燒樹林、房屋。

樹幹似松柏、葉子如珍珠的珠樹生長在厭火國北面的赤水畔，赤水的東方有一個三苗國。苗民講義氣，好打不平，性格叛逆。在黃帝時代，他們追隨蚩尤

結胸人胸前凸起的骨頭非常明顯。

揭竿而起，幾乎招致滅族。經過無數代的休養生息，好不容易逐漸恢復的苗民又因同情堯的長子丹朱，反對堯把天下禪讓給舜，隨同遭放逐的丹朱遷居丹水，並聯手興兵作亂；戰敗後，與丹朱餘眾潰退至南方海外。苗民衣冠、形貌與中原人相似，只是腋窩下有一對不能飛行的小翅膀。

㦸國在三苗國的東方，是舜之子無淫的後代。這地方百鳥自歌，百獸自舞，百穀百果，自然生長。㦸國人不織麻不織布，就有天然的衣服穿；不耕田不播種，就有天然的飯菜可吃。

禹辭別了富裕的㦸國民眾，駕御龍車向東進發。他俯瞰山川大地，忽見前面不遠處的草木間隱隱透露出殺氣，原來是防風氏的部屬在此處布下了箭陣。

防風氏在會稽山因爲誤期而被斬首示眾，部屬們爲了給主子報仇，探聽到禹的行進路線，已經在樹木下、草叢中埋伏多時。

隨著梆子敲響，箭矢如雨，紛紛飛向龍車。幾乎同時，霹靂轟隆，將漫天箭矢震得東零西落，龍車在霹靂聲中騰入雲霄。

防風氏的部屬們見狀，驚懼萬分，自知死罪難免，調轉刀尖槍頭，戳穿胸膛而死。禹哀憐他們的不幸，激賞他們的忠勇，用不死神藥救活了他們，不過留下個貫穿前胸後背約莫碗口大的圓洞，再也不能復原。禹讓這些貫胸人自建一個國家，就叫貫胸國。貫胸國的貴人出行，僕從用竹竿木棍穿胸抬之，倒也省去了製作轎子的麻煩。

貫胸國的東鄰是交脛國。交脛人五短身材，雙腿扭轉彎曲而又互相交叉，躺倒了就爬不起來，每天起床要人攙扶。

不死民的部落在交脛國的東方。不死民姓阿，膚黑如炭，環員丘山而居。員丘山上有不死樹林甘木，吃了甘木果，飲赤泉水，當然壽比南山。

不死民部落的東方是反舌國。反舌人的舌尖倒轉對著喉嚨，說話的聲音非常古怪，外人根本無法聽懂；即使聽清楚了也只能倒著理解，因為他們說的全是反話。

從反舌國往東方，走過方丈之山、壽華之野，就到了三首國。三首人一個身子、三顆頭顱，有的傳說有三副面孔。兩面人已經很可怕了，三副面孔的人更令人不寒而慄。

三首國的東方是小人國（周饒國）。身高數寸的小人們戴高冠，著禮服，談吐高

貫胸國的人民，胸口的洞可以用木棍等支撐物穿胸抬之，甚至可以代替坐轎子。

雅，舉止斯文。小人心靈手巧，會製作各種精巧的器具，堯在位的時候，他們曾上貢沒羽小箭。小人的天敵是翱翔天穹的天鵝、仙鶴，他們在野外耕耘時必須提防空襲，稍不留神，便會變成那些大型禽鳥的口中美食。

三首人一個身子，卻有三顆頭顱。

從小人國朝東走，就到了南方海外最東面、也就是禹周遊海外的最後一個國家——長臂國。長臂人中等個子，手臂卻長達三丈，他坐船下海，用不著釣鉤、漁網，光用雙手即可撈到海底的游魚。

禹成功凱旋，在都城安邑用海內外各國進貢的青銅，鑄造了九座千鈞寶鼎，鼎上刻繪九州萬國之中鬼神人物、魚鳥蟲獸的圖像，意在讓人們透過圖像辨別善惡，出門旅行，可以避凶趨吉；即使偶遇妖怪，也知如何防範，譬如直呼其名，因爲名稱關係著實體和本質，妖怪的名字被點破，便意味了牠已經被瞭解、掌握，所以妖怪往往聞之喪膽，落荒而逃。寶鼎陳列在宮門外，任人參觀，成爲極有用的旅行指南。後人感念禹的功德，就將這九座鼎稱爲禹鼎。

第五篇

動物的神話與傳說

一隻小鳥在女娃沉溺的水域破浪而出，頭上有五彩斑毛，長著白色的喙，鮮紅色的腳爪，牠的名字叫「精衛」，是女娃的靈魂所化。精衛棲身於布滿柘木林的發鳩山上，牠每天飛到各地，尋覓草木碎石，然後不辭辛苦地以嘴把破石碎草，一葉一根啣著飛回東海，投入海中。

一、四靈傳說

在中國動物的神話與傳說中，最有名的要數「四靈」的說法了！照古書的說法：萬事萬物皆由陰、陽二氣孕育而生，生的最精的就叫作「靈物」，古人又依動物身上的分成毛蟲（四腳獸）、羽蟲（鳥類）、介蟲（貝殼類）、鱗蟲（爬蟲類）、裸蟲（哺乳類），他們認為：毛、羽之蟲為陽氣所生，介、鱗之蟲為陰氣所生，裸蟲為陰陽之精，而人類則是由陰陽二氣孕育交合的最精妙成品，所以才被稱為「萬物之靈」。

在這五類中，各類也有牠們生得最精的靈物：毛蟲中最精的叫「麒麟」，羽蟲中最精的叫「鳳凰」，介蟲是以「龜」為最靈的，鱗蟲的精者為「龍」，這就是所謂的「四靈」。人中之聖人乃為萬物之靈中的佼佼者，四靈皆得受他的支使；四靈的出現，也就是表示聖人即將顯現於世，四靈因而便成了吉祥的象徵。

麒麟

我們在傳說中常常講到麒麟，但麒麟究竟長得什麼樣子呢？據說麒麟的形狀是鹿身、牛尾、馬蹄、五趾，頭的正中高聳著一隻角，全身為白毛，背上的毛是五彩的，腹部的毛更特別，是黃色的。麒麟的性情溫和，不會無緣無故殘殺生物，更不會任意折斷枝葉，態度和藹，對所有的生物都一視同仁，公平對待。

牠的靈異在於牠能知道安全和避免危險。所以在賢君當政或太平盛世的時候，牠就會出現，依偎在聖王賢者身旁，因為牠知道那個地方是安全的。至於險惡的環境，牠是不會去的，殺生殘物、凶戾暴虐的景象是麒麟最為憎惡且亟欲躲避的，任何想要加之於牠身上的傷害，都會導致傷害麒麟者自身的毀滅。

麒麟是東亞知名的祥獸，多在太平盛世時顯現。（圖片：Nakanosan提供）

相傳在黃帝治理天下時，常常可以見到許多麒麟在郊野徜徉；在堯做皇帝時，有很多的麒麟在岸邊、湖畔嬉戲；禹在世的時候，甚且在他家的庭院內出現過麒麟。

孔子的母親在懷孔子時，傳說曾有隻麒麟顯現在孔子母親的面前，從口中吐出一塊玉，交予她，稱這是腹中之子的護身符。

在孔子逝去的前兩年，發生過「西狩麒麟」的事件：

魯公子叔孫氏在這一年去野外打獵時，捕獲到一隻麒麟。由於大家都沒有看過這種動物，以爲是什麼怪獸，認爲是不祥之兆，就又把牠丟棄在荒山郊野。孔子的一個弟子冉有聽到這事情，就向孔子問道：「叔孫氏前日去打獵，獵得一隻頭上長著獨角的鹿，大家都認爲是妖怪，老師是否知道這是什麼奇獸呀？」

孔子忙問道：「這動物在哪裡啊？快點帶我去看看！」於是匆匆趕去郊外。一路上不斷地向爲他駕車的另一個學生高柴說道：「據冉有所描述來判斷，那無疑定是一隻麒麟！麒麟乃是一種仁義的動物，太平盛世時才會顯現，不是王者之治是絕對不會出現的。如今舉世混亂，牠怎麼會出現了呢？」

車行至郊外，孔子下車尋得了這獨角奇獸，對著牠哀痛地嘆息道：「現在天下四分五裂，群雄並立，已沒有一統的君王在位，周不久即將滅亡了，你爲何還要顯現在這亂世之上呢？」說著說著，不覺涕泗橫流，袖上袍上都沾滿了淚水。沒幾天，麒麟死掉了，孔子聽了這消息又慨嘆道：「我所宣揚的正道，終我一生，都無法現於世了！」不到一年的時間，孔子也就死了。

至聖先師孔子，留下著名的麒麟傳說。

鳳凰

什麼是鳳凰？傳說紛紜，有關牠最早的神話已不可考，後來鳳凰的神話開始蛻變，鳳凰又生出許多種屬，各有其傳說。有的說「鳳」與「凰」是兩種鳥，有的說「鷟」是鳳的別稱，《山海經》上的鳳凰家族更有：鵠、玄鳥、丹鳳朝陽、鸑鳥、孔鳥、朱雀等，指的都是鳳凰，因此有關鳳凰的神話就更加神祕而有趣了。

儘管在名稱上有所不同，細節上有些差異，大體上各種鳳凰的神話與傳說，都說明了這是一種帶有靈氣的美麗鳥兒，形狀像雞般大小，身上的羽毛五彩繽紛、耀人眼目，尾巴非常長，尤其色彩鮮豔、明麗照人。

傳說牠是來自太陽，或是誕生於聖人之地、君子之國，與聖人同生死，有時甚至可成為聖人的化身。牠最特別的一點，是能飛得非常高，可以直入雲霄，飛入太陽、月亮、星星之內，更可飛得非常遠，一天之內即可飛遍四方。

牠的生活則是分外講究，只於崑崙山中所流出最純淨之水中沐浴，晚上則睡在洞穴內，以四海為家，翱翔在宇宙之內，往來於天地之間，自歌自舞，悠閒自在。

鳳凰的身上長著五彩的羽毛，斑斕的紋理遍布全身，每一部分的紋羽各有其專名：頭上的紋毛叫作「德」，翅上的稱為「義」，背上的喚作「禮」，胸前的紋為「仁」，腹下的名為「信」。

牠也是一種知道躲避危險，尋求安全，出現在太平安寧的動物，崑崙、懸圃、沃之國等仙境神界、極樂世界更爲牠所喜愛居住的地方，凡是有牠在的地方，就不會有電閃雷擊發生，不會起狂風降大雨，更不會出現溪水暴漲氾濫成災的險境，而呈一片風靜祥和的景象。

龜

據說天帝將九種治理天下、管理眾民的大典——洪範九疇，刻在龜的背上，每逢賢王當政的時候，就把它昭之於聖王面前，助其治國。

在禹治洪水時，天帝見他三過家門而不入，爲他勤奮忘私的精神所感動，就命背刻著「洪範九疇」的龜浮出水面，游到禹的面前，把這治國大法賜給禹。禹遵照著這九疇做爲陳事用人、治民理國的標準，洪水得以平定，萬民因而歸順。

龜是動物中能活得較長久的一種，相傳牠的壽命可長達一千年之久，因此謂龜的血肉能止衰養老，使人長壽。又傳說古時住在河邊的人家，常常把餘菜剩飯投入河中，以餵養龜，龜長大了，就吃牠的肉、飲牠的血，凡是吃過牠血肉的人，氣脈通暢，頤養天年。

古人在面臨恐懼或猶豫不決時，總是希望能得到外在力量的援助，因此想到利用具體的物品祈求神諭。在中國古代人祈求神力所用的工具，幾乎全是以龜殼爲主，這也就是所謂的龜卜。商代的甲骨文，就是占卜後刻在龜甲上的文字。龜卜術的發達，與占卜有關的龜的傳說就更多了。

普通的龜是易見的，而「靈龜」就非比尋常了。相傳靈龜的甲殼上有五彩斑紋，如玉石、黃金般晶瑩奪目，牠的頭總是朝著陽光燦爛的方向，背向著陰森黝暗之地；牠的背是隆起的，這是取法於天的形象，牠的腹部是平坦的，這是向地學來的；四肢趾爪的轉動與春、夏、秋、冬四季相應合，同時也會隨著四季的變化而變色，春天是暗綠色，夏天呈黃色，秋日變白，冬季轉黑；身上的紋理是畫著天上二十八個星宿的位置與形象，頭長得如蛇，膀上長有龍翅，可以活命千年，看到千年的變化；出沒於深水之中，在地面上成長，又能夠高飛天際，直上青雲，因而能使天地上下之氣相交通，能明天道、知地物、預禍福、見存亡。

靈龜也是聖王出世、王道政治的瑞兆：禹時有靈龜負洪範九疇現於世；孔子也曾感嘆終其一生沒有見到靈龜；天子孝，則有靈龜現；靈龜也被視如今日的國璽般，先得到靈龜的人，就能成為天子，為王的重視龜，則諸侯臣服，天下太平。

古人占卜後刻在龜甲上的文字，即是甲骨文。此突顯出龜卜通靈的神奇。

龍

自古迄今，龍一直在中國文化中扮演重要的角色。如同「龜負洛書」的神話一樣，龍負河圖的景象亦是典型龍神話的主題，這是在敘述古代聖王受命的祥瑞徵兆。相傳黃帝、堯、舜、禹、湯、文王、武王當政之時，除龜負書之外，更有龍馬負圖的事情發生，到了後代，即使沒有龍負圖龜負書，太平盛世也會有黃龍出現。最早龍馬負圖的神話是發生在伏羲爲天下共主的時候。

伏羲氏得有天下，有一天漫步水邊，一面還在低頭思索著如何使自己的百姓生活安定，不再老是逐水草而居，以及怎樣增加糧食的來源，如何把食物弄得更美味。正出神地想著，無視於外界的情景，忽然一聲巨響傳至耳邊，一片霧濛濛的水氣籠罩著大地，眼見著水面冒起一道水柱，直往高處衝，上升到六、七尺處，乃紛紛下

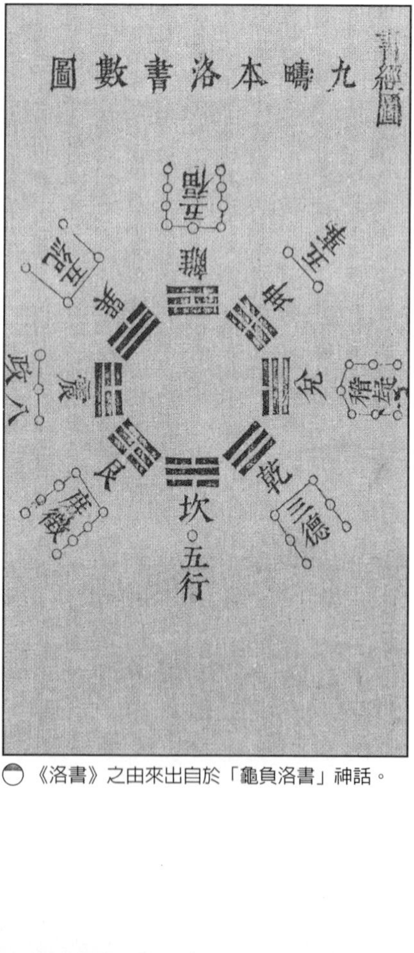

《洛書》之由來出自於「龜負洛書」神話。

墜，此時水柱中竄出一匹龍馬，飛到伏羲頭頂繞了數圈，才停到伏羲的腳前。伏羲彎下腰低頭俯視，無限愛惜地撫摸著龍馬，這才發現在龍馬的背上袱著一卷圖畫，伏羲如獲至寶，匆匆地速記下來，回到宮中再加以審改，因而形成了現在的「八卦」。

傳說黃帝是由龍變來的，華夏子孫都是黃帝的後代，故被稱爲「龍種」。黃帝死後據說有條長有長鬚的龍下迎黃帝，黃帝騎在龍身上，飛入天空，他的臣子也欲跟去，一個個捉著長鬚不放，龍鬚被拔，而眾臣紛紛落到地面上。

在堯做君王時，也有全身綠色帶著紅色的龍馬，顯現在祭壇之上。

舜當了天子後第五年的二月中，某一天與公卿大夫、大臣百官往東邊狩獵，來到洛水畔。諸侯臣子們都在談論著伏羲與在這水中所發生的「龍馬負圖」美談，正議論紛紛時，忽見水中也冒出一五彩黃龍，背上也袱著一卷圖冊。牠飛到舜的眼前，把盒子放下，又即刻消逝於水中。這圖冊擱放在黃玉做成的錦盒內，盒子四周都是用靈芝爲封泥，封得緊緊的，盒上寫著「天黃帝符璽」五個方整大字，每個字長寬各三寸，深四分，是鳥形文。舜與臣子們趕忙跪拜，恭恭敬敬地把錦盒迎回宮內。

有一年，禹到南方去巡察，探訪民苦。一天，他們正渡河過江，一條黃龍故意搗蛋，潛到船底下，把船搖晃得東倒西歪，即將翻覆，船上的人個個嚇得面色慘白，神色慌張。禹卻不慌不忙，鎮定地仰天長嘆道：「我是受天帝之命來治理天下，從來不敢怠忽，總是竭盡心力地使人民生活富足，國家昌盛，自信無虧於職守，如此生死之命就不是我所擔憂的，生是我的本分，死也是我命定的，這條小小的龍，又能把我怎樣呢？我何足怕牠呢？」黃龍聽到了，便低著頭，垂著尾巴，悄悄地游離船身。

又傳說夏朝從大禹一直到後來的孔甲王，一直有一條天龍住在皇宮的御花園裡，甚且有一個專門負責養龍的官——豢龍官。至今日夏代諸王的紀錄中，以孔甲王與龍的傳說最有名。孔甲王是一位昏君，當時劉累任豢龍官，他非常懂得養龍，在御花園內養有兩條龍，雄雌各一，孔甲王因賜他尊號「御龍氏」。不幸他被尊為御龍氏後不到一個月，雌龍生病死去劉累便拿來烹煮了，獻給孔甲，孔甲吃了這雌龍以後，覺得肉味鮮美，意猶未盡之下又要吃那條雄龍。劉累得悉，便偷偷帶著雄龍棄職潛逃。

於是孔甲又請了第二個名叫師門的豢龍官，也封他為御龍氏。師門養龍的本領雖然高明，可脾氣不小，才養龍三月，就和孔甲吵嘴多次。孔甲忍無可忍，一怒之下遂砍下師門的腦袋，埋屍荒野。但是未經幾天埋葬師門的荒地忽然狂風大起，繼之大火，孔甲遠遠望見天龍在天空飛翔，就命令牠撲滅大火，不久便見大雨像萬條瀑布從上空衝進火海，怪火就此撲滅。

傳說中的龍，也有各種不同的種類。帶有甲殼的稱為「蛟龍」，有翅膀的稱為「應龍」，長著角的叫作「虯龍」，沒有角的是「螭龍」，能升天的叫作「蟠龍」，後來更傳說有一百多種的龍，但都有共同的特徵：頭上長有長鬚，帶有角，足上有爪，一般都是四爪；有五爪的則傳說是屬於龍中的帝王，只有做皇帝的人才能持有。又相傳龍要經過數千年的修行，才可以升天，這才是眞正的龍，在升天以前則和地上的蚯蚓、螞蟻一樣渺小，還沒有長成龐大的身軀；升了天以後，馬上會變得身長體大，碩壯無比。同時在升天時還必須在一個大雷雨的天氣下，依附著尺木才可以上得了天際。

在旱災、水災神話中的「應龍」，已經是個神化的龍，除了「應龍蓄水」的神話外，還有個「應龍畫地」的神奇故事：傳說禹治水時，曾藉著應龍的尾巴用來開渠挖道，以導水入

傳說中的龍有各種不同的形體與種類，並且在中國文化中經常與神佛聯想在一起。

江，溪水不再氾濫，洪水乃平定下來。

龍究竟居住在哪裡？有人說牠是潛伏在水中而不可見，有時又能躍出水面，有時又跑到田裡、地上，有時又飛入雲天中，甚至有人說龍是在春分的時候飛到天上居住，到了秋分時從雲中走下，躲入水中隱居。

龍的形象更是變幻莫測，一會兒巨大無比，一會兒又變得細小如蠶，一下子長得無邊，待會兒又短得幾乎見不得，有時明燦無比而有時又黯然無光，可聚可散而忽有忽無、能高能低，合而成體而散而成章，變化無日，今古無時。

中國神話中的每一座大山上，都有神仙居住或鎮守著，這些神或是人身龍首，或是龍身人面，或是鳥身龍首，龍身鳥頭，龍頭馬身：如「神計蒙……人身而龍首」，「雷澤中有雷神，龍身而人首」，「鍾山之子……，其狀人面而龍身」。此外，神話中的諸神，更大部分有龍做為車乘：如「四方之神乘兩龍」、「駕八龍宛宛兮」，更氣派的是駕著虯、螭之類的龍：「駕兩龍兮驂螭」、「駕青虯兮驂白螭」、「駕玄螭兮北征」。

二、四獸傳說

在四方神的神話中，曾說到東、南、西、北各方各有蒼龍、朱雀、白虎、玄武四獸護伴著，其中的「玄武」指的就是四靈之中的龜，「朱雀」也就是鳳凰，「青龍」自然毫無疑問地是指龍，只是麒麟不見了，而出現了「白虎」。這「四獸」之說與「四靈」之說是否有關聯，目前找不到相連一起的說法。

四獸最早的傳說是由天上的四個星座而來。古人相傳天上有二十八個星宿，分布四方，每方各有七個星宿，形成一種動物的形象：東方的是成龍形，西方的狀如虎，這兩個星座的方位都是頭朝南而尾向著北方，南方的星座像鳥，北方的呈龜形，皆是座東朝西、頭在西尾在東，這四星座下降世間，就轉生成「四獸之體」了。

後來又把四方的四色和四獸配合在

一起而成了帶有顏色的「四獸」：青綠色的龍，大紅色的鳳鳥，純白的虎，黝黑的龜。以後軍隊中前後左右部隊的名稱也用四獸之名來代表，而成了「前朱雀而後玄武，左青龍而右白虎」的軍營行陣。有四方而缺了個中央，有四色而沒有黃色，後來就把麒麟置入中央，而成了五行中的「黃龍」，四靈與四獸乃結合成「五靈」，這樣的說法已脫離神話的本質而開始被哲學化了。

漢代磚石中表現前朱雀後玄武，左青龍右白虎的造形，後世軍隊中前後左右部隊的名稱也用四獸之名代表。

三、《山海經》中的奇禽異獸

古人認爲，變異的動物特別兇悍，因此梁山好漢解珍、解寶以兩頭蛇、雙尾蠍爲綽號；古人更認爲，變異的動物有魔力，因此楚國賢人孫叔敖少時偶遇兩頭蛇，自以爲看見不祥之物者必喪命，索性拚死殺蛇以救他人。古人爲了免災厄、求吉祥，常將形形色色的怪異動物一一登錄，人們便於識別，進而或防範，或利用。《山海經》亦是這樣一部關於怪異動物的博物誌。

招災引禍的怪鳥

不祥之鳥「鳧徯」盤旋在鹿台山上空，牠有似人的臉龐，雄雞一般的軀體。這隻兵禍鳥高亢而急促地啼叫著自己的名字，牠是在呼喚那酷烈的戰爭。

鍾山之神燭陰的兒子鼓與凶神欽䲹合謀殺害了天神葆江，被黃帝下令處決。他倆死後，戾氣不散，欽䲹的魂魄化成白腦袋、紅嘴殼、黑紋羽毛、老虎爪子的大鶚，牠形狀如鵰，叫聲「鷃鷃」如睢，牠在哪裡出現，哪裡就要兵連禍結，大動干戈；鼓的陰魂變爲直嘴殼、白額頭、紅腳爪、黃紋羽毛的鵕鳥，貌似貓頭鷹，聲似天鵝鳴，牠在哪裡現身，哪兒就將久晴無雨，赤地千里。

縱火狂「畢方鳥」巢居在章莪山上，牠白喙、獨腳、身形如鶴，披著鑲嵌紅色斑紋的青色羽毛。牠常在月黑風高夜，口啣妖火一路焚舍燒屋，然後伴隨狂亂的火焰而舞蹈，模仿嗶剝的爆裂聲而鳴叫。

「人面鴞」隱藏在崦嵫山上的密林裡，牠是用人的面孔、猴的身子、鴞的翅膀、狗的尾巴拼裝而成的怪鳥。凡聽到牠嘶啞聲音、看見牠怪異身影的地方，難逃連年大旱。

鍾山之神燭陰的兒子「鼓」，與復州山上的獨腳鳥「跂踵」，身形皆似貓頭鷹。

洪澇之鳥「蠻蠻」形貌似鳧，羽毛青紅相間，僅一面翅膀和一隻眼睛，只有雌雄合體，默契配合，才能翩翩翔舞於藍天。蠻蠻鳥飛離崇吾山降臨到人類聚集的城邑、鄉村，這些村、邑就不可避免要遭遇那滅頂的洪災，雌雄蠻蠻鳥成雙成對，形影不離，所以又稱「比翼鳥」。唐朝白居易〈長恨歌〉中有「在天願作比翼鳥，在地願爲連理枝」的詩句，故千百年來，比翼鳥成了愛情的象徵。

「欽原鳥」的外表就像體型巨大的超級黃蜂。這些蜂形鳥蜂擁而至，螫草木，草木頃刻枯萎；螫人畜，人畜頃刻死亡；是崑崙山中最厲害、最難防的殺手。

身軀似蛇的惡之鳥「酸與」，有六隻眼睛，四面翅膀，三條腿。當牠鳴叫著「酸與、酸與」從景山上飛下，人們就知道地獄的門已經打開，死神的狩獵即將開始。

栒狀山間的乾旱鳥「𪕮鼠」有雞的身軀和鼠的尾巴。牠挾著全身旱氣飛到山外，與牠同行的必定是那乾燥的風、炎熱的光。

梟身、鼠尾的瘟疫鳥「絜鉤」善於攀登樹木。牠常常從硜山上的枯木林裡飛出，雙翅鼓起蓬蓬的旋風，大量的鼠疫病菌即隨風飄落，荼毒人間。

復州山上的獨腳鳥「跂踵」也是傳播病毒的疫鳥，牠身形似貓頭鷹，卻拖著一條豬尾巴，牠是死神的助手，鬼魂村與亡城的製造者。

獨腳疫怪的迷信流布甚廣，華中地區有一則古老的傳說：年三十來至民居的諸神中混雜著一個獨腳怪，牠專門在臥室內播撒疾病的種子，人們有鑒於此，在年三十當晚便早早放下床上的帳子；除夕放帳子的習俗就這樣流傳下來。

惠及人類的靈鳥

基山上棲息著模樣似雞的「𪄆鵂」，這種鳥有三顆頭，三雙眼睛，六隻腳，斑面翅膀。人若食用了「𪄆鵂」肉，九夜不眠，十日不息，也不會疲勞。

長相似梟的「橐𩇯」巢居在羭次山上，這種鳥僅有一條鳥腿，卻有一副神氣的人臉。牠們的習性是冬天出巢覓食，夏日反而蟄伏。橐𩇯的羽毛具避雷功能；身穿用橐𩇯羽毛編織的雨披，在電閃雷鳴的暴雨中行走也不必懼怕。

皋涂山區的「數斯鳥」外形頗似貓頭鷹，兩隻鳥爪卻似人腳。數斯鳥非常珍稀，是治療甲狀腺瘤和癲癇病的良藥。

翠山上有一種兩顆頭顱、四隻腳爪的「鸓鳥」。這種鳥體形像喜鵲，羽毛呈紅黑色，天生對火敏感。在家庭裡馴養鸓鳥，可以預防火災。

翼望山上的「鵸鵌」長得像烏鴉，但有三顆頭，六條尾巴。牠整天嘻嘻哈哈，笑個不停。人若佩戴鵸鵌羽毛，不僅能安安穩穩一覺到天明，還能抵禦瘴癘之氣的侵襲。

上申山上的「當扈鳥」看上去與普通野雞毫無二致，奇特的是牠們竟然用鬚髯飛行。當扈肉入藥，能夠治癒目眩散光病。

虢山上的「寓鳥」有一對寬寬的翅膀，卻身形似老

◓ 鸓鳥有著喜鵲般的外形，可辟火。

鼠，鳴聲如羊叫。寓鳥具有預報兵情的特異功能，豢養在家，可以預防血光之災，兵戈之害。

樣子像野雞的「白鵺」生息於單張山一帶，此鳥頭部羽毛呈雜色花紋，翅膀純白，腳爪金黃。食用白鵺，可消除咽喉腫痛，還可以醫治癡呆病症。

猴身狗尾的「囂鳥」僅有一隻眼睛，卻有四面翅膀，牠們飛翔在梁渠山上，嘴裡發出喜鵲般的啼鳴。食用囂鳥，能防治腹痛、腹瀉。

體態似鳧的「鴢鳥」在青要山上棲身，牠們有青色的身軀，粉紅的眼睛，紅色的尾巴。鴢鳥肉可治不育之症。

崌山林木蒼翠，群鳥聚集，其中有一種白首紅身、酷似貓頭鷹的「竊脂鳥」善於預測火情，是人們防火的好幫手。

飛翔在堇理山上的「青耕鳥」是春天和生命的象徵。青耕鳥青羽白尾，白喙白目，體形似喜鵲，啼聲如自呼其名，天性能預報疫情。身佩青耕羽毛，也能抵禦病毒。

西方的荒野裡有一種青頭、黃身、紅爪的異鳥名叫「觸」，脖頸上有六個腦袋。另有一種九頭怪鳥名叫「姑獲」，也叫「鬼車」，牠原有十顆腦袋，不慎被狗咬掉一顆，無頭的斷頸上滴血不止。九頭鳥熱中抱養人類兒童，看中誰家的孩子，就先在他的衣服上滴血做爲記號，然後再把他抱走。人們看見九頭鳥的蹤影，必叱犬熄燈，以求此鳥速過。

招災引禍的怪獸

青丘山上有一種「九尾狐」，叫起來的聲音彷若嬰兒啼哭。人若受其蠱惑，就難逃被吞噬的厄運。不過人若吃了九尾狐肉，也能不受妖邪之氣的侵害。據說九尾狐天生有項幻術：假如雌狐要變女人，或雄狐要變男子，只要把女屍或男屍的骷髏頂蓋取來戴在頭上，對月拜足七七四十九拜，就會立地變作男女之形；扯些樹葉花片遮蓋身體，便成五色彩衣。人看見牠美貌華服，能言善笑，不親自近，無不顛倒。那迷得商紂王身死國破的妲己，據說就是九尾狐所幻化。

「長舌」的悲啼似人的呻吟，牠的狀貌與猿猴相似，只是長有四隻耳朵。長舌隱藏在溪流縱橫的長舌山中，牠一旦現形，洪水就要降臨。淮水和渦水之間的猿形水怪「無支祁」，正是長舌的親屬。無支祁青軀白首，金睛雪牙，頸伸百尺，舌粲蓮花，力逾九象，迅如飛矢，由於破壞治水工程，被抗洪英雄大禹用鐵鎖繫頸，金鈴穿鼻，鎮壓在淮陰龜山腳下。

「猾褢」的叫聲恰似砍伐樹木的聲響，牠的面目、軀體與人近似，但長滿了豬鬃般的硬毛。猾褢冬季蟄伏，平時棲息在堯光山上的洞穴裡。如果牠行至城邑，那麼那個城邑的長官又將徵收賦稅傜役了。《禮記》記載：孔子周遊列國，途經泰山腳下的村落，見一老婦人痛哭於新墳前。孔子關切地詢問：「聽妳的哭聲，觀妳的神色，似乎非常悲傷啊？」

老婦回答：「以前我的公公、丈夫都被老虎咬死了，今天我的兒子又被老虎咬死了呀！」「那妳爲什麼不離開這個危險而傷心之地，遷徙到安全些的城邑裡去呢？」「只因爲此地沒有橫徵暴斂啊。」孔子喟然長嘆：「啊！原來橫徵暴斂比吃人的老虎更可怕。」看來，猾裹是比老虎更可怕的野獸了。

「彘獸」是與獅、虎同樣兇猛的食人獸，牠吼聲如狗吠，身軀像老虎，長著一條牛尾巴。牠的巢穴在浮玉山的深處。

「蠱雕」的啼聲像嬰兒哭號，牠頭上長角，外貌就似威猛的大鵰。牠生活在鹿吳山的澤更水裡。這種水獸也有食人的本性。

三危山上盤踞著四個犄角的「獓㹋」，牠形狀如犛牛，粗長而濃密的白毛披在身上，像極了下雨天人們所披的簑衣。牠貌似草食動物，卻是兇暴的食人獸。

「神䰠」的叫聲宛如人的呻吟，牠有人的面孔，野獸的身軀，僅一隻手，一條腿，隱居在剛山深處，慣於暗中傷人。

擅長投擲的「山𤟤」住在獄法山上，牠身軀如狗，卻有人的臉龐。行走神速，四腳生風，見人則哈哈大笑。在連續不斷的淒厲笑聲裡，十二級風暴隨之而起。

嚎聲如嬰兒嗚咽的「狍鴞」出沒於鉤吾山中，牠的外表是人面羊身，爪子有幾分像人的指甲，嘴裡卻隱藏著如刃的虎牙，險惡的眼睛也躲在腋下。狍鴞又稱「饕餮」，乃惡名昭彰的貪饞之王，牠食人無饜，飽得實在嚥不下去的時候，還要把人的身體咬碎了咀嚼一番，方肯罷休。

鳥嘴、鴟眼、兔身、蛇尾的「犰狳」棲居在余峨山上的疏林裡，牠頭頂鱗片呈盔狀，背、尾、四肢也密布鱗片，一見到人就縮作一團，佯裝死去。犰狳如果在人前亂竄，那麼鋪天蓋地的蝗蟲也即將來臨。

四角獸「峳峳」鳴聲如犬吠，棲身在䃌山上。牠形狀似馬，卻長著羊眼、牛尾。牠來到哪個國家，哪個國家便多有心懷叵測的奸狡之徒。

猿形妖物「雍和」長著血紅的眼睛和嘴巴，金黃的皮毛，牠是震驚遐邇的恐怖之王。如果牠離開豐山造訪人類，人類就將面臨苦難和死亡。

滿頭白毛的歷石山怪獸「梁渠」有狸貓的身軀，老虎的利爪。牠象徵兵禍，戰亂總是緊隨著牠不祥的身影。

金門山上的紅毛大狗「天犬」乃天狼星的流光所化。天犬往往數十成群，行如風，聲如雷，光如電，牠們是招致戰爭的妖獸。

犰狳有遇到危險就會縮成一團裝死的本能動作。

奇形怪狀的魚蛇

海洋裡有一種陵魚，除了身軀是魚之外，面孔、四肢都與人相似。南海鮫人乃陵魚的近親。傳說鮫人在海底紡織，織成後自海水裡浮出，寓居陸上人家，出售絹帛；將返回海底時，會向房主索盆而泣，淚珠落盆，化爲珍珠，即以之酬謝房主。又傳說：海外某國英俊王子在淺海洗馬，有一隻纖細玉手從水中伸出，拉住了馬籠頭上的韁繩，隨即鑽出顆年輕的頭來，蒼白而秀麗的臉上，藍色眼珠燃燒著愛情的火焰。王子順手抓牢她的長髮就向海岸泅去，不顧她哭泣、哀求還是掙扎。王子上岸，興奮地回首欣賞自己的捕獲物，卻發現沙灘上躺著一條披銀鱗、曳長尾的人魚。那人魚冷汗涔涔，顫抖的雙手緊抓細沙，嘴裡不停地咒罵。王子忙將人魚送歸大海，但人魚身影仍時時在他心頭浮現，一輩子揮之不去。

盤踞在大咸山一帶的長蛇身上有豬鬃般的硬毛，叫聲猶如敲擊木魚的聲響。長蛇常盤在大樹上窺伺奔鹿，待鹿經過便將牠纏繞至死，然後整個吞下去，鹿角、鹿骨會從蛇鱗間鑽出。那生吞大象的巴蛇，以及被神射手后羿連斷數截的食人狂修蛇，都與長蛇同類。

化蛇人面豺軀，背插雙翼，卻只能蜿蜒曲折地匍伏

幾乎可與人魚畫上等號的陵魚。

爬行。化蛇如果展翅飛起，發出似人的叱責聲、呼叫聲，那麼陽水便會驟然暴漲，淹沒附近的耕地、村莊。

一發聲便會招來水患的化蛇。

四、狼的傳說

中國塞北草原上的游牧民族，有許多是以草原上的狼做爲自己部落的祖靈。其中最有名的是見於《蒙古祕史》中成吉思汗的祖先。

傳說成吉思汗的祖先是承受天命而生的孛兒帖赤那（中文意思即蒼色的狼），他和妻子豁埃馬蘭勒（意思是白鹿）一同渡過騰汲思子海到了斡難河源頭的不兒罕山（今蒙古的大肯特山）前住下，生子名叫巴塔赤罕。

成吉思汗的先祖巴塔赤罕，是草原上的蒼狼與白鹿結合而生的人類，也就是說蒙古族是草原蒼狼的子孫。所以蒙古族將狼奉爲祖靈，對狼充滿敬畏，繼而把狼神聖化加以祭祀，以求家畜的平安。

據說成吉思汗出生的時候，他的岳父德薛禪對他的父親也速該說，夢見白海青（白色的鷹）兩爪攫取日月而來。成吉思汗出生時手裡握著髀石般的一個血塊，手握血塊承天命而降生，暗示著成吉思汗以後征戰草原各部，殺戮流血一生的命運。他的一生，所信奉的是他常說的一句話：「你只有一個朋友，那就是你的影子，你唯一的兄弟，那就是你手中的鞭子。」強者成吉思汗孤獨寂寞一如草原上的一匹狼。

除了蒙古族以狼爲始祖，還有突厥族也是。突厥族是古代匈奴的別種，他們的祖先居西海之時，姓阿史那氏，後被鄰國所破，盡滅其族，只剩下一個十歲的小孩。敵兵見他年幼，不忍殺他，就砍斷他的手腳，把他丟棄在草原上，幸有母狼以肉餵他，得以不死，長大以後，與雌狼交合。雌狼孕而生十

游牧民族多以狼為部落的祖靈，甚至與狼通婚成親，衍生下一代子孫。

男，阿史那就是其中的長子，最有能力，於是成爲突厥的君長。突厥族在牙門上懸狼旗，便表示不忘其祖。

高車族是古代赤狄的後代，和匈奴族有聯婚的關係。傳說匈奴單于有兩個女兒，因爲長得太漂亮，國人皆以爲是神，單于也因爲自己的女兒太美，所以說：「我有如此美麗的女兒，平凡的人類哪裡配得上她們？只有天神才有資格娶她們！」於是就在國北無人之地，築高台樓閣，讓女兒住在那裡，並說：「請天神自己來娶她們！」過了三年，有一隻老狼，日夜守在台下嗥呼，把台下挖穿成空穴，小女兒說：「我父親將我們安置在此，就是要許配給天神，而今狼來，想必是天意如此。」說罷，下樓台隨狼而去，後爲狼妻而產子，子孫滋繁成國，是爲高車。據說高車族人好引聲長歌，做狼嗥。

五、雞的神話

古代中國人過年的時候，有在門上貼雞圖的習俗，因爲人們認爲雞有驅鬼禳災的聖性。古老的神話說，在東海之內有一棵大桃樹，盤屈三千里，桃樹上站著一隻金雞，每當日出時，金雞就鳴叫起來，天下的群雞聽到金雞啼鳴以後，就跟著啼叫起來，人們便知道天快亮了，又是一天開始的時候了。在這棵桃樹下有兩個神，是神荼和鬱壘，這兩個神拿著葦索到處巡視，遇到惡鬼就綁回去殺掉來餵老虎。所以後來的人們爲了驅鬼避邪，過年的時候就用桃木刻這兩神的神像掛在門上，或是在門板上畫上這兩位神的神像，這就是桃符、春聯的起源，也有在門上貼雞畫的，也是同樣的意思。

《神異經》則說東方大海中有扶桑山，在大桑樹下有十個太陽，桑樹上有玉雞，玉雞鳴後就是金雞鳴，金雞鳴以後就是石雞鳴，石雞鳴以後就是天下雞鳴，海中的潮水聽到雞鳴就開始波動起來。另外還有雞神名叫黃父，長七丈，頭戴冠，朝呑惡鬼三千，暮呑惡鬼三百，是專門吃鬼的神。

成語「金雞獨立」、「雞鳴一聲天下白」等，就是以這則神話爲背景而產生的。因爲古人害怕黑夜，認爲黑夜是「百鬼夜行」的恐怖世界，雞鳴而天亮，人們認爲是雞的神力趕走了百鬼而使太陽出來，也因此有「日中有雞，月中有兔」的神話。

古代人把正月元旦稱爲「雞日」，而把正月二日稱爲狗日，三日爲豬日，四日爲羊日，五日爲牛日，六日爲馬日，七日爲人日。正月初一在門上貼雞畫，二日貼狗……七日貼人圖，並且在

門神像。大門貼上門神可以用來避邪，如果貼上雞圖也有相同的效果。

正月初一這天不殺雞，二日不殺狗……七日不殺人（這一天不處決人犯）。在正月初一到初七的七天內不吃雞肉，這些家畜家禽都是和人類最親近的，人們也只有在過年的時候，想到牠們對人類的貢獻而特別加以優遇。

《山海經》說祠鬼神皆育雄雞，雞血可以除邪避惡，因爲雞的神聖動物信仰，古代有以雞血爲盟、以雞骨爲占卜的儀式行事，大夫之間的結盟是以雞血爲誓，占卜則是用火燒雞骨，如果骨上之孔呈現人形則吉，否則就是凶。至於神前立誓，以斬雞頭爲憑，直至今日都還常見。

雞在古代一般人心目中固然是能驅鬼趕邪的神聖動物，而文人們又從雞的身上衍生出許多故事，如春秋時代魯國的大夫田饒告訴魯哀公說雞有五德：雞頭戴冠是「文」，足搏距是「武」，敵在前敢鬥是「勇」，得食相告是「仁」，守夜不失時是「信」。

《太平廣記》說，秦穆公的時候，有人掘地，掘出一個又像豬又像羊的奇怪動物，這個人因爲此動物稀奇，就牽著要去獻給秦穆公，在路上遇到兩個童子，看到他牽的怪物以後對他說：「這種怪物叫作媼，常在地下挖墓而吃死人之腦，如果要殺這種媼獸，只有一個方法，就是拿柏葉蓋在牠的頭上。」

這個人聽了就要殺媼獸，媼急忙對他說：「剛才那兩個童子不是人，而是兩隻寶雞，一雄一雌，任何人只要抓住那隻雄雞，就可以當皇帝，抓到雌的就可以成霸者。」這個人聽了就捨媼而逐二童子，二童子化雞飛去。這個人上京把此事告訴秦穆公，穆公連忙率人尋找這二童子，最後捕到了一個，是那隻雌雞，雌雞化為石，穆公命人建祠祭石，因為這樣，所以秦穆公只成為霸者而沒有稱王。

六、精衛填海的傳說

女娃是炎帝最寵愛的小女兒，模樣清秀，個性卻很倔強。有一天，女娃駕一葉扁舟，在碧波蕩漾的東海上遨遊。突然一陣波濤洶湧，小舟頓時被巨浪打成了碎片，女娃被漩渦吸入了深淵，葬身海底。

幾天過後，一隻小鳥在女娃沉溺的水域破浪而出，頭上有五彩斑毛，長著白色的喙，鮮紅色的腳爪，牠的名字叫「精衛」，是女娃的靈魂所化。

精衛棲身於布滿柘木林的發鳩山上，牠每天飛到各地，尋覓草木碎石，然後不辭辛苦地以嘴把破石碎草，一葉一根啣著飛回東海，投入海中。日復一日，年復一年，不管是赤日炎炎還是雨雪霏霏，不死鳥精衛要以鍥而不捨的精神，將東海填平。

後來傳說精衛和海燕結合而生子，所生的雌鳥形如精衛，雄鳥則如海燕，現在東海有精衛誓水處，因為帝女女娃曾在此淹死，所以發誓不喝這裡的水，所以精衛又叫誓鳥，或志鳥，又叫冤禽，當地的一般人叫這種鳥為帝女雀。

如果說神祕而不可知的命運或橫在眼前的現實環境是有如波濤洶湧的東海之水，那麼啣西山之木而塡海的精衛象徵著一份信心與執著之下的叛逆與反抗，這個神話的人文意義不在東海是否被塡滿，而在精衛持久不懈的努力過程。陶淵明在他的〈讀山海經〉中說：「精衛啣微木，將以塡滄海」就是說明了這種悲劇性的努力過程。

七、杜宇傳說

杜鵑鳥又稱杜宇鳥，傳說是蜀王杜宇的魂魄所化，至於他為什麼禪位而隱於西山、化為杜鵑的故事，各書所載的傳說是：

有一年，正是蜀帝杜宇在位的時候，江水裡忽然出現了一具逆流而上的男子屍體，這個死去的男子叫作鱉靈，是楚人；屍體逆江而上，到了蜀地的汶山之陽，忽又復活了，於是見了望帝杜宇，望帝立鱉靈為相。

許多年後，在巫山一帶，因為江水塞住了龍門，不能宣洩，氾濫成災，蜀地人民陷於水患之中，望帝令鱉靈治水，鱉靈率人民打通了巫山，開闢了三峽，使得江水能夠流過三峽而東流於雲夢大澤，人民因此安居樂業。蜀帝杜宇因為鱉靈治水的大功，所以把自己的帝位傳給了鱉靈，鱉靈受禪即位，號開明氏，望帝自己隱於西山修道，化爲杜鵑。

但爲何杜鵑雨夜啼血，爲何「年年來叫桃花月，似向春風訴國亡」呢？這是因爲杜宇與鱉靈之妻間的淒美愛情：

原來望帝利用鱉靈治水不在家的時候，和鱉靈的妻子發生了一段畸戀。鱉靈是他的宰相、他的臣子、他的朋友，也是蜀國人民的大功臣，而朋友的妻子又是自己的情人，處在這種戀情下的杜宇是十分矛盾而且慚愧的。爲了這種複雜的愛情，杜宇把帝位讓給了鱉靈，然後孤獨地隱於西山，可是在西山的望帝，仍然不能忘情於他的情人，也不能忘懷蜀地的子民，所以他化爲杜鵑，成爲雨夜啼血、漫道聲聲不如歸去的孤魂。

杜鵑鳥傳說是蜀王杜宇魂魄幻化而來。

另外流傳於蜀地的傳說望帝則是杜鵑王，三月間盛開的杜鵑花以及布穀鳥都是杜鵑王所變的，他死了以後仍然惦記著他的人民，所以每到清明、穀雨之季，不斷地提醒他的人民：「布穀、布穀！」後世蜀地的人民，只要聽到布穀鳥啼，就知道這是插秧的時候了。

第六篇

植物的神話與傳說

「杜若」是一種苗似山薑、開黃花或紅色的花、又叫「杜衡」的植物。楚地自古青年男女有採杜若以贈情人的習俗：因為他們相信杜若令人不忘，情人們互贈杜若，希望彼此縱然分開千里，心仍然不能相忘的相思，所以民間又叫「相思草」。

一、楓林傳說

在中國古老的南方楚地上，每當深秋的時候，楓林開始轉紅，紅紅的楓葉飄在林間、湖上，飄在洞庭，飄在湛湛江水之上，那片鮮血似的紅，也飄在遠古時代南方楚地的住民心上，當楓林紅了的時候，他們會感傷地想起他們的祖神蚩尤，也想起了大地上無數漂泊的孤魂，於是，他們唱出了一支招魂的輓歌。

湛湛江水兮上有楓，
極目千里兮傷春心，
魂兮歸來哀江南。（《楚辭·招魂》）

楚地多楓林，湛湛江水上，飄在日暮秋風中的那片紅，傳說是蚩尤棄桎所化：神話中的蚩尤是一個銅頭鐵額，耳鬢如劍戟，頭上有角，人身牛蹄，長著四隻眼睛，六隻手的巨人，以鐵石爲食並能呼風喚雨的叛逆神。他有八十一個兄弟，每個兄弟也都是獸身人語、銅頭鐵額的好漢。

蚩尤與黃帝大戰，兵敗被俘。因爲蚩尤太勇猛可怕，所以黃帝在蚩尤身上加了層層的桎梏，囑咐應龍殺了他，但應龍不敢解掉蚩尤身上的腳鐐手銬，所以直接誅殺。殺了蚩尤之後，解下他身上的桎梏，桎梏上流著蚩尤的鮮血，這些血化作了楚地的紅色楓林。紅色的楓，正是蚩尤含著無限怨恨的血。

也許是因爲後世有無數蚩尤的子孫懷念著含恨而死的蚩尤，所以在神話中蚩尤又是始製兵器的兵神和戰神。《中華古今注》說蚩尤造了刀、戟、兵、杖、大弩五種兵器；春秋戰國時代，齊國是以蚩尤爲戰神而祭祀的，齊國自古祭八大神，其中主兵戰的就是蚩尤。傳說秦始皇也曾東至齊地，探訪蚩尤之墓。

現在南方五嶺之內，生有許多楓木，年歲久的楓木，常常在樹幹枝莖上長出很多的厚瘤叢結，若是來了一陣暴雷驟雨，這些肉瘤結受雨水潤澤，一夜間可長到三、五尺長，像一個老頭的形狀，一般稱爲「楓人」。當地人都傳說，把這種楓人割下來，供給巫人做巫術之用，則所祈求的願望馬上可實現，據說十分靈驗。

蚩尤在神話中的形象勇猛善戰，以銅頭鐵額面貌示人。

二、稻子的由來傳說

在人類誕生後，世界曾有過一場大洪水，在這場大洪水消退之後，人們全從山巔移到已乾枯的平原地方來了。這時候，因爲世界剛從水裡浮出，有許多供平日捕食的動物大半被淹死了，所以他們在食物方面便起了恐慌。正當他們愁著哪裡能找到更多的食物時，卻望見水裡泅來一頭狗，這條狗的狗尾上黏著許多黃而稍扁的小顆粒，人們便把這些小顆粒撒在快乾涸的泥沼裡，到發芽成長結實後便拿來當成食物，這就是稻米。爲了感謝狗的功德，現在有些地方每年新穀上市時，都一定會先餵狗哩！

另一個有關稻米的由來是，在上古時候，大地一片荒涼，白雪常年不斷地遮覆在地上，古老的森林，陰鬱蓬勃卻寂靜地密布毗連著，成群的野獸到處亂竄呼嘯著，專門與人類作對。所以爲了自衛與生存，人們便得日日把精力消耗在防衛野獸和尋覓食物上面。

這時候，神與人所在的地方已被大海隔絕：一處在西邊，名爲崑崙，是神之宮；另一在東邊，有方丈、蓬萊、瀛海三處，是神之島。

眾神看到人類爲尋找食物而奔波，偏偏天然的危害又是那麼多，要時時

銅劍。神話中傳說蚩尤為始製兵器之神。

戒備以防野獸的攻擊，便起了憐憫之心。於是眾神舉行會議，以尋求救助之道。會議的結果，由神農氏提議教導人類種植稻米，伏羲氏也提議教導人類畜養勤勉的牛、忍耐的馬、忠心的狗和柔順的貓。

但在眾神散去之後，天帝突然躊躇了起來，他發現忘了一個問題，人神間隔著大海，如何把這些東西送到人間？牛、馬、犬，牠們具有泅水的本領，可以獨自前去，而貓卻不能，至於稻則更爲困難，假如要把稻子送到人間，需要這四個動物當中的一個，用身軀在稻堆上一滾，使滿身都黏著穀粒，然後才能夠運送到人間，但問題尚不只是運送稻子；原來在天上時，稻是從根至尾密密地叢生著穀粒，這些穀粒長得非常不牢固，如果黏有穀粒的動物身上掉落了一部分，則將來地上的稻就會缺少那一部分的穀子，所以要保存穀粒過河而完全不掉落確實是很不容易的事。

天帝首先問牛，牛的回答是：「不能勝任！」

其次問馬，馬除了答應幫助貓之外，也不願意做這個工作。

再其次問犬，狗答應了承受這使命，但卻預先聲明，不擔保中途遺失的責任。

天帝大喜，於是在這四個動物中，他特許狗有食穀的權利。至於遺落與否，則看人類的命運了。

這奇怪的旅行隊便開始出發了：牛傲然地游在最前面，馬的背上蹲著貓，尾隨在牛之後，最後是犬，除了骨碌碌的眼睛尚在轉動外，牠滿身都是金黃的顆粒。

海浪如山嶽般起伏著，這三位游泳專家在波浪中浮沉擺盪著，終於掙扎地游到了陸地上。

然而犬所附在身上的穀，只剩下尾巴尖上的一小撮了！這就注定人類所種植的稻只有莖端留著一叢穀。而這四種動物，也成爲人類最好的伴侶，不過待遇上卻不相同，牛和馬僅吃草而犬可獨食穀。至於貓何以也可以食穀呢？就是因爲後來，犬把牠應享的權利，分了一份給貓！

三、愛情的植物傳說

亙古以來，世間男女就在尋找愛情，因此每棵樹、每朵花，在神話脈絡裡，都可能有它的傳說。

瑤草神話

南海中有一種叫「鶴草」的植物，

神農氏負責教導人們種稻，自力生產糧食。

夏天開淺紫色的花，花形如鶴，嘴翹足尾，無所不備。鶴草又叫「媚草」，草上有蟲，蟲老化爲赤黃色的蝶，女子把這種蝶藏在身上，能讓男人憐愛她，所以這種蝶又叫媚蝶。神話說這種媚草又叫「瑤草」，是炎帝之女死於姑瑤之山，由她的魂魄轉化而成。

瑤草的葉子是雙雙重疊的，開黃色的花，結的果子像菟絲子，世間的女子只要吃了瑤草的果子，就能使天底下所有男人都忍不住要愛上她，這種帝女之魂所化的瑤草也就是所謂的「靈芝草」。

《莊子》書中說藐姑射之山，住著一位神人，肌膚有如冰雪，綽約有如處子，不食人間五穀雜糧而餐風飲露，這個神女常乘雲或御飛龍而遊乎四海之外……藐姑射之山也就是姑瑤之山，乘雲而遊四海的神女，也就是神話中有如朝雲暮雨、變化莫測的帝女瑤姬。

也許是古代多情的楚地人民不忍心讓早逝的帝女如此寂寞地住在姑瑤之山吧？於是這個帝女神話經過演化，不但成了楚王的夢中午妻，還幫助了大禹治水：

有一天楚襄王和宋玉登上了雲夢之台，看到台上須臾之間變化無窮的雲氣，襄王問宋玉這是什麼，宋玉回答說這就是所謂的「朝雲」，楚王又問何謂朝雲，於是宋玉對襄王說，古時候炎帝神農的女兒瑤姬，未成年而死，葬在巫山之陽，所以叫作巫山之女，以前先王（楚懷王）曾經有日遊於高唐之台，睡午覺的時候，夢到一位美麗女子到他跟前對他說：「妾是巫山之女，爲高唐之客，聞君遊高唐，願薦枕席。」

短暫的歡樂過後卻是永不再見的別離，臨走時神女告訴楚王說：「妾在巫山之陽，高丘之阻，旦爲朝雲，暮爲行雨，朝朝暮暮，陽台之下。」從如夢似幻的歡樂中回到現實邊緣的楚王，所能看到的只是飄在巫山頂上的一朵雲，他想起了神女，爲了懷念這再也無處可覓的春夢，於是立了一座神女廟，號曰朝雲。

楚襄王聽了宋玉所述說的神女故事之後，對於這位湫兮如風、淒兮如雨的多情神女，心中萌生了

巫峽與瞿塘峽、西陵峽合稱長江三峽，相傳瑤姬以神力協助大禹鑿通巫山，使洪水可以通過巫峽。

無限的遐思。果然在這夜，他在恍惚之中見到一位世所未有的美麗女子，寐而夢之以後，這女子又像雲一樣地消失了，夢醒之後的襄王無限惆悵，怔愣直到天明。

唐代的道士杜光庭在他的《集仙錄》書中說，瑤姬神女是西王母的第二十三個女兒，號叫雲華夫人，她曾經帶著她的侍女們遊歷四方，當她遊到東海以後，到了長江三峽，看到巫山峰岩挺拔，林壑幽麗，於是迷戀巫山的風光而不忍離去，在巫山，神女瑤姬遇到了治水的大禹。大禹治水到了巫山，可是水被巫山擋住，不能疏通，每當風雨起時就氾濫成災，大禹深爲不能打通巫山而苦，於是求助女神瑤姬，瑤姬命她的侍女送給大禹一本能召喚鬼神的書，並且派了狂草、黃魔、童律等人用神力協助大禹鑿通了巫山，讓洪水流過巫峽而到雲夢。

大禹上巫山找瑤姬，爲答謝她協助治水的大恩。可是大禹看見瑤姬一下子化爲一朵青雲，雲散之後又聚爲夕雨。其千態萬狀的變幻，使得大禹疑惑不安，他懷疑瑤姬是狡獪怪誕的山精水怪，童律對大禹說瑤姬是西華山少陽之氣所化的神女，因此能在人是人、在物是物，她的變化，又豈是朝雲暮雨而已？

後來，大禹終於在巫山的瑤宮瓊闕之中見到了瑤姬，瑤姬又送了大禹丹玉之笈和上清寶文等書，並派了臣下庚辰、虞余兩人隨大禹到各地治水，大禹走了，於是人神異路，相見遙如雲漢，永遠無期。

大禹因爲瑤姬的幫助，終於能夠導波決川，奠五嶽，平九州，完成治水大業。可是多情的瑤姬卻日夜佇立在巫山之上，等待永遠不再回來的大禹，終於她和她的侍女們都一一化作了巫山上的大小山峰，就是現在的巫山十二峰；其中以神女峰最爲孅麗奇峭，正是神女瑤姬所化。神女峰後面有一平曠石壇，相傳就是夏禹見瑤姬的地方。

由於「旦爲朝雲，暮爲行雨」的巫山神女帶給許多風流文人無限悵惘與遐思，於是後世的文人把青樓賣笑的女子叫作神女，一些文人在十年一覺、揚州夢醒之後也寫下了無數「神女生涯原是夢」的感傷句子。而「夜半來，天明去，來如春夢不多時，去似朝雲無覓處」的神女，也在後來的中國文學中扮演過許多凄豔的角色；到了現代，「曾經滄海難爲水，除卻巫山不是雲」，瑤草的神話已然演化成一份愛情的信念與執著。

杜若、湘妃竹及虞美人草

「杜若」是一種苗似山薑、開黃花或紅色的花、又叫「杜衡」的植物。楚地自古青年男女有採杜若以贈情人的習俗：因爲他們相信杜若令人不忘，情人們互贈杜若，希望彼此縱然分開千里，心仍然不能相忘的相思，所以民間又叫「相思草」。

洞庭湖瀟湘一帶有竹，竹上有黑斑，是斑竹。楚地神話說帝舜的兩個妻子娥皇、女英，隨舜南巡。後來舜死蒼梧，二女殉情，自沉於江，她們的眼淚滴在竹子上，淚痕斑斑，所以楚地的人就稱這種斑竹爲「湘妃竹」。

麗春花形如雞冠花，是一種紫色或白色的花，葉兩兩相對成羽狀分裂，果實如壺。麗春花又叫「虞美人草」，傳說項羽兵敗，在四面楚歌的帳中擊劍高歌，虞美人拔劍而舞，舞畢自刎以殉項羽，其血四濺，化爲虞美人草，後人詩中說：

三軍散盡旌旗倒，玉帳佳人座中老，
香魂夜逐劍光飛，青血化爲原上草。

相思樹的故事

傳說在春秋時代，有位名叫韓朋的小官，娶了一個姓何的美女做妻子。宋康王想奪取韓朋的妻子，韓朋不肯，康王因此大怒，把韓朋免了官、下了獄，並發遣到邊塞修築長城，然後把韓妻搶到宮中。

不久，何氏偷偷派人送了一封用隱語寫的信給韓朋，信上說：「其雨淫淫，河水大深，日出當心。」這封信被宋康王的屬下給截獲了，信被送到康王的手裡，但康王看不懂這三句話的意思，於是下令朝中的各大臣解謎。最後，一位叫蘇賀的大臣解出來，他對康王說：「『其雨淫淫』是說她心中悲苦而且相思無盡；『河水大深』是說她和韓朋之間不能往來；『日出當心』是說她對韓朋的愛情有如皎日永遠不變，隱含她有尋死的決心。」

數日後，韓朋自殺了，何氏表面上若無其事，背地裡卻偷偷用藥水腐蝕了自己的衣服。有一天，宋康王和她同登青陵台，她從台上一躍而下，康王左右隨從抓住了她的衣服，可是已經腐蝕了的衣服碎成片片，化爲蝴蝶翩翩而去。康王發現了何氏腰帶上寫的遺書，書上說：「王利其生，妾利其死，願以屍骨，賜朋合葬。」康王大怒，使人分別築了兩座墳埋葬韓朋和何氏，並且說：「你們兩個人如果眞的相愛，除非能使兩塚相合，我就不阻止你們合葬在一起。」

不久，一棵大樹生在兩塚之間，越長越高大，根相連於地下，枝葉交連於上；又有雌雄兩鳥常棲於樹上，交頸悲鳴，其聲悽惻感人，人們都說這兩隻鳥是韓朋和何氏的魂魄所化。所以宋人就叫這棵大樹爲相思樹。

至於相思豆，傳說古代有女子望其情人於樹下，淚珠染樹，血流染枝，旋結成子，這就是相思子的起源。

百日紅的故事

傳說在美麗的海濱，有一對相愛的人兒。青年高大英武，姑娘溫柔賢慧，郎才女貌，天造地設。可是突然有一天，海裡掀起幾丈高的大浪，一條三頭海蟒趕散了魚群，撞翻了漁船，斷了漁民們的生計，青年與姑娘再也無法過安寧的日子了。於是，青年挺身而出，決定帶領漁民們去除掉這頭妖蟒。臨行前，姑娘珠淚漣漣，千叮嚀萬囑咐，依依不捨。青年從腰裡掏出一面鏡子，對她說：「別難過，妳看著這面鏡子，如果裡面的桅杆是白色的，就是我勝利了；如果桅杆變紅，或漸漸黑了，那就是我……」姑娘不讓他說下去，忙道：「你放心上路吧。我一定會等你平安歸來的。」

青年走了，姑娘天天對著鏡子。只見裡面浪濤洶湧，忽明忽暗。過了幾天，突然出現一根紅桅杆，漸漸顏色越來越深，越來越暗，最終變成了黑色。姑娘悲痛欲絕，抱著鏡子痛哭，不久就香消玉殞了。

漁村的人們把姑娘葬在海邊。第二天，墳上開出一枝又紅又大、不知名的鮮花。當這株花開滿一百天時，青年回來了。聽到這噩耗，才明白是海蟒的血濺到桅杆上，姑娘因誤解心碎而死。他趴在墳上哀傷地哭了起來，這時，那整整開了一百天的花卻一瓣瓣地凋零了。從此，人們就將這種不知名的、開過百日才敗的花稱爲「百日紅」。

四、十二月花神

中國的花神有的是出自神話傳說，有的是出於文人的虛構，有的是出於小說中的主角，有的則是歷史上的眞實人物。

正月梅花香，二月杏花開，三月桃花紅

正月梅花花神是宋武帝的女兒壽陽公主。據說壽陽公主於正月初七在宮廷中的梅林賞梅，倦了以後小睡於殿簷下梅林的旁邊，正好一朵梅花落在她的前額上，留下了五瓣淡紅色的痕跡。她醒後自己並沒發覺，可是看到她的人都覺得她因爲額上印著梅痕而顯得更加嫵媚動人，於是宮中少女們紛紛模仿，以梅花印額，叫作「梅花粧」，因此後人就說壽陽公主是梅花精靈所化，又把正月初七訂爲梅花的生日。壽陽公主死後，人們就祭祀她爲梅花神。

二月杏花神是楊玉環，也就是楊貴妃，她原是一名民間女子，後來被一官吏收爲義女，帶到長安，做了唐玄宗第十八個兒子的妃子，後來唐玄宗霸佔了自己兒子的妃子而封楊玉環爲貴妃，兩人之間有段纏綿悱惻的愛情故事。而後，安史之亂，唐玄宗帶著楊貴妃奔蜀，馬嵬坡兵變，龍武將軍陳玄禮的軍隊重重地包圍住玄宗的行宮，軍人們高舉手中的干戈，要求唐玄宗殺了楊貴妃，否則誓不護駕。於是，玄宗皇帝不得已忍痛命高力士將楊貴妃縊殺於佛堂前的杏樹下。

楊貴妃被葬於馬嵬坡西郭之外，時年三十八歲，等到安祿山之亂平定之後，玄宗預備

爲她移葬的時候，楊貴妃已經是肌膚消失殆盡的白骨了，留下的只是一林迎風而舞的雪白杏花樹。

玄宗回宮以後，曾令臨邛道士「上窮碧落下黃泉」地去尋找楊貴妃的魂魄，可卻始終不見影跡，傳說最後在海上虛無飄緲之間的仙山上找到了楊貴妃，而此時的楊貴妃已是司二月杏花的花神了。

傳說中的三月桃花之神是息夫人，她是春秋時代息侯的夫人，姓嬀，所以也叫嬀息。在一場宮廷的奪權政變中，楚文王滅了息國，並且要娶嬀息爲妻。可是嬀息情有獨鍾，不爲楚王的權勢所動，有一天她趁著楚王去遊行打獵的時候，偷偷跑出宮，跑回息侯那裡，在政治環境改變的情形下，她和息侯的愛情也如飄落的桃花。息侯自殺了，嬀息也以身殉情，時間正是三月，此時剛好桃花遍開，於是楚地的人們就以息夫人爲桃花夫人，立祠祭祀，稱她爲桃花神。

四月牡丹放，五月石榴紅似火

牡丹是中國人所謂的「花王」，是富貴和權勢的代表，在一九二九年中國制定梅花爲國花以前，牡丹一直是代表中國的國花，富貴花、洛陽花、國色天香等等詞語指的也都是牡丹。

至於四月牡丹花神則有幾種說法，一說司牡丹的花神，男的是李白，女的是麗娟。麗娟是漢武帝的寵妃，是麗質天生、能歌善舞的大美人，傳說她歌聲起處，百花隨之起舞。另有一說是牡丹花神是貂蟬。

關於牡丹花神還有一個「讀萬卷書感天地」的故事：

相傳在明代時，安徽亳州有個書生，名叫歐陽博雲，字苦書。本是出生在官宦之家，後因家境日下，漸漸敗落，十分貧寒。但是，書生不甘命運的安排，更不願寄人籬下，便決心考取功名，光耀列祖，不料卻連年落榜。這時有位好心人告訴他：「後生功底太差，還需讀萬卷書，方能感召天地之神。」

於是他終日抄書習文不止。可是家中貧寒，紙又太貴，只得將一篇篇文章寫在牆壁和門板上。一日他在室中感到悶倦，便來到後院散心。

書生只見後院那株多年未開的牡丹叢，花繁葉茂，使他異感驚喜，於是心血來潮，返回室內，取來筆墨，將文章抄寫在牡丹花瓣之上，以花代紙。有位好心人路過這裡，看到此景，稱此牡丹爲「萬卷書」，這也感動了牡丹花神，翌年，歐陽博雲果眞中了舉人。

五月榴花神在民間的傳說是鬼王鍾馗，鍾馗原是唐代一個名利心和自尊心都很重的進士，因爲應舉不捷，遂憤怒地在宮殿的石階上撞頭死了。死後的鍾馗成了鬼中之王，爲了感激唐玄宗賜他綠袍而葬的皇恩，就發誓除盡天底下的妖魔鬼怪。

有一次唐玄宗在病中被一個獨腳小鬼作弄而生怒的時候，忽然出現了一個頭戴破帽、身穿藍袍的巨漢，抓住了小鬼，又活生生地把小鬼給吃了。

這名巨漢即是鍾馗，醒後的唐玄宗召來畫師吳道子，命他把自己夢中所見的鍾馗畫在門上，自此以後，小鬼就再也不敢出現了。因此民間也把鍾馗的像畫在門上以驅邪避魔，鬼王鍾馗又因此成了福神。

鍾馗成爲五月石榴花神的原因，是由於炎熱的農曆五月雖然石榴花盛開，但也是疾病最容易流行的時節，古代的人們認爲疾病是惡鬼邪神帶給人間的，由此而產生鬼王鍾馗的傳說。今天民間畫上的鍾馗耳邊插著一朵豔紅的石榴花，以火樣性格的鍾馗來做火樣的石榴花神，也是古代民眾的詩意想像。

◎日本浮世繪大師歌川國芳所繪的鬼王鍾馗。

六月蓮花耀滿地，七月秋葵朝開暮落

六月是蓮花的季節，也是採蓮的季節；被當成六月蓮花神的西施就是古代的一個採蓮女子，李白詩：「鏡湖三百里，菡萏發荷花，五月西施採，人看隘若耶，回舟不待月，歸去越王家。」也是說在入越王家以前的西施是鏡湖上的採蓮女子，相傳吳地錦帆涇有西施採蓮的故跡。

西施是諸暨苧羅山的一位賣柴人家的女兒，這個上山打柴、下水採蓮的女子原是很快樂的，可是卻不幸成了野心政客政治鬥爭下的犧牲品。她被越國的相國范蠡帶到了越王家，經過了三年的訓練，西施不再是溪邊浣紗女，也不再是鏡湖的採蓮人，而是越王句踐派到吳國去麻痺夫差的女間諜。到了吳國的西施，首先使伍子胥因爲苦諫吳王不成而死，又使吳王夫差因此亡了自己的國家。有人說吳王夫差死後西施跟著自沉於江；更有後人不忍這位絕代佳人有如此悲慘結局，說西施隨情人范蠡而去，隱於五湖之上。

秋葵於夏末秋初開淺黃色的花，是一種色蜜心紫、朝開暮落的花，人們常把過去之事比作「昨日黃花」，這黃花就是秋葵。傳說七月的花神李夫人是秋葵花魂的化身，李夫人是漢武帝的寵妃，是當時名音樂家協律都尉李延年的妹妹，李延年善爲新曲，「北方有佳人，絕世而獨立，一顧傾人城，再顧傾人國。寧不知，傾城與傾國，佳人難再得！」的歌，就是李延年所作。李夫人能歌善舞，很受武帝的寵愛，只是她的生命也正如朝開暮落的秋葵花般早逝，她死了以後，漢武帝思念她，命畫工畫了她的像於甘泉宮，朝暮相對以慰相思。

八月桂花香千里，九月菊花黃，十月芙蓉花怒放

八月稱桂月，八月的花也就是桂花。古代的中國人把桂當神聖樹，因爲從遠古的時代他們就知道桂樹是「百藥之長」。一般相傳的桂花神是唐太宗的妃子徐惠。徐惠天資聰穎，生下來五個月就會說話，四歲能讀論語，八歲能作詩寫文章。她的父親曾經有一次想考考她，就叫她寫篇關於桂的文章，徐惠提筆就寫了「仰幽巖而流盼，撫桂枝以凝想，將千齡兮此遇，荃何爲兮獨往……」等句，自是文名遠播，唐太宗也聽到她的文名，就召之入宮，封爲才人。唐太宗死後，徐才女茶飯不思，哀傷成疾，終於以身相殉，隨唐太宗於泉下，當時她才二十四歲。

九月秋涼的時候百花落盡，只有菊花迎秋風秋雨而盛開。菊花是秋天蕭瑟風雨中唯一的點綴，而且菊花自開到謝始終花蒂不落於地，花葉不凋，不會造成落花滿地的狼藉，因此前人把菊花比喻成不趨炎附勢的節士和不屑與凡俗同流的隱士。

想到秋天的菊花，人們總是想到「採菊東籬下，悠然見南山」的陶淵明，於是，後來的人們是以陶淵明做爲九月的菊花神。

十月的代表是斷腸花——芙蓉。遠古神話流傳說炎帝神農教人類播種五穀以後，又因爲人間有許多疾病流行，所以神農走遍深山大澤，尋百草以爲藥，神農炎帝爲人類尋找藥材的方法是他親自嚐試採集的百草，拿自己的身體做實驗，他把自己實驗的結果告訴人們，於是人間就有了各種治病的藥草。

可是爲人類採百藥的神農，有一天卻因爲吃了一種紅色的花而中毒死了。他用他的生命教導人類，讓人類知道這種開在十月的紅花是有毒的東西，於是無限悲痛的人們就把這種花叫作斷腸花。

李白詩中說「昔作芙蓉花，今爲斷腸草」，斷腸花就是芙蓉花，芙蓉有兩種，一種生在水裡的叫水芙蓉，生長在陸地上的叫木芙蓉，也叫木蓮。花有紅、白、黃三色，還有一種木芙蓉是朝白暮紅，叫作醉芙蓉。因爲這種花豔如荷花，所以叫作木芙蓉或木蓮，又因爲這種花是開在十月的寒霜之中，所以又叫拒霜花。

據說在虛無飄緲的仙鄉，有一個開滿紅花的芙蓉城。宋眞宗時候的大學士是石曼卿，傳說他死了以後，有人遇到他，恍惚如夢，石曼卿自己說他已經是芙蓉城的城主了。由於這傳說在宋代流傳甚廣，後來的人遂就以石曼卿做爲芙蓉城主，是十月芙蓉花的花神。

十一月山茶花發，十二月水仙花開

入冬以後，眾花寂寂，偶然一枝山茶花開在寒風細雨當中，常帶給人們一些溫馨，所以十一月的花就以山茶花爲代表；山茶花因爲葉子像茶所以得名，花有紅白兩種，又名曼陀羅，有一種山茶花大如蓮花，色紅如血，產自雲南，又叫鶴頂紅。

十一月山茶花的花神自來傳說紛紜，有的說山茶花花神是湯若士，湯若士也就是明代的劇作家湯顯祖，以著有《紫釵》、《還魂》（即《牡丹亭》）、《南柯》、《邯鄲》四記出名；另外一說是以楊貴妃爲山茶花神，因爲在山茶中有一種名叫楊妃山茶，是淡紅色的山茶花，因爲傳說楊貴妃特愛此種山茶而得名。

天寒地凍的十二月花是水仙花，傳說花神是娥皇、女英：遠古時帝舜南巡，死於蒼梧九嶷之山，他的妻子娥皇、女英聽到消息以後，眼淚滴在竹上，成爲淚跡斑斑的斑竹；隨後她們投江殉情，魂魄則化爲江邊的水仙花。

另一個民間的傳說，有個住在長離橋的姚姥姥，在十二月夜半大寒的時候，看到流星墜地，落下的隕石化爲朵朵水仙，姚姥姥摘下水仙吃了，於是就懷了孕，生了一個女兒，聰明賢淑，名爲女史，所以水仙花又叫女星，或稱姚女花。

第七篇

古史中的英雄傳說

黃帝命人持著雷神鼓槌，敲響夔皮戰鼓。第一通鼓，魑魅魍魎茫然呆立，不知所聞為何恐怖之聲；第二通鼓，響亮宏敞的鼓聲貫穿心肺，百鬼魂飛魄散，苗兵土崩瓦解；第三通鼓，苗兵苗將心碎膽裂，無法站立。黃帝高舉昆吾寶劍，大聲高呼，所有伏兵從四面八方一齊殺出，向蚩尤進攻！

一、神農——炎帝

女媧補天以後，天地輪轉了不計其數的春秋寒暑，在歷史長河的一個黃昏，有蟜氏的少女任姒在姜水岸邊漫步，突然，一道紅光自碧波深處激射而出，任姒猛一抬頭，見一條赤髯神龍升至半空，雙目發出兩道神光，與她的目光交接。任姒心靈一陣悸動，就此感應懷孕，足月產下一子，牛首人身，即以姜水之姜爲姓。此子乃是南方火德之帝，故號之炎帝。

炎帝降生的時候，大地上還沒有農業，遠古的人類是靠打獵和捕魚爲生，大地上充滿了吃人的兇禽猛獸，河流裡有無數的毒蛟怪蛇，當時人類和自然界的對抗是很勇敢的，也是很殘酷的，上山和下水的人們不是他們殺死其他動物抬回來當自己的食物，就是自己被其他動物吞食。後來人類知道了用火和石頭作武器，人類才逐漸成爲大自然的主宰，人類能戰勝其他動物以後，才開始繁盛起來，但是由於人類繁殖日趨繁多，做爲人類食糧的飛禽走獸也就越來越少，此時炎帝開始爲人類的未來擔心，心想一旦野生動物食盡，天下黎民百姓豈不是要飢餓而死？

他想：「爲了免除這種人類與禽獸之間弱肉強食的互相殘殺局面再度循環下去，大地上必須產生另一種新的東西來，好做爲人類與禽獸的共同食物，但這樣的食物在什麼地方呢？……」

就這樣，炎帝苦思了八十一個晝夜，終於豁然開朗：何不教民種植，用勞動的汗水來換取生存必需的糧食呢？念才及此，天空中紛紛揚揚飄落下無數的黍、稷、麻、麥、豆。炎帝把這些穀種收集聚攏，命名爲五穀，然後教導百姓季春時節播種在開墾過的土裡，待其出苗，移栽於潮濕之地，再施肥滋養，拔除雜草。人們依此而行，果然獲致豐收。從此，人間有了農業，人們不必再四處打獵，於是在土地上建立起自己的家園。

炎帝見百姓耕作栽插十分辛苦，就斷木作「耜」、揉木作「耒」，發明了兩種犁田工具，並教導人們利用農具耕種；他又委令仙人赤松子爲雨師，觀測氣象，調節晴雨，於是年年五穀豐收。民眾鼓腹而歌，感念炎帝的功德，尊稱他爲「神農」。

以後，炎帝不但四處教人耕種，還教導人們如何蓄存吃剩的糧食，叫人們在太陽升

宋耕織圖。由於炎帝教民種植與發明農具，從此農業大盛，使後代百姓受益匪淺。

到頭頂的時候，把自己種的穀子和蔬菜拿到固定的地方互相交換，這就是「日中爲市」，是人類最早的商業活動。

接著炎帝巡視四方，發現百姓面多黃腫，常常生病，他心中很不安寧，於是每天拿著一條鞭子走遍三山五嶽，採集天下異草，他的鞭子叫作「赭鞭」，草木經過赭鞭一打，無論有毒無毒，或寒或熱，各種性質都會呈露出來，但是炎帝仍然不放心，他一定要親嚐百草、以身試藥以後才用來給人們治病，以致平均一天之內中毒十二次，所幸他的身體玲瓏透明，從外面即可看清五臟六腑，所以能夠馬上知曉中毒部位，找到解救的方法。炎帝試畢百草藥性，將溫、涼、寒、熱的藥物各置一處，按照君臣佐使之義，撰寫成醫書藥方，以造福人類。於是人間開始有了醫藥。

炎帝又感到八卦還是不足以「解萬物之情、通神明之理」，所以他又重審八卦之數，而把八卦加以複雜化，每一卦再分爲八，成了六十四爻。

炎帝的夫人是赤水氏之女聽訞，她與炎帝所生的男孩名叫炎居。炎居生子節并，節并生子戲器，戲器之子是火神祝融。祝融被謫降到長江流域，生下了怒觸不周山的水神共工。共工的兒子術器生有異相，他的頭頂平整如削；另外一個兒子叫后土，乃土地之神。后土生下十二個兒子，他們是十二太歲神。后土還有位孫兒，即逐日的夸父。

相傳炎帝在位一百二十年而死，他的子孫非常繁盛，且個個賢明，在周朝爲賢相的甫侯、申侯，爲諸侯的齊、許，相傳都是他的子孫。

二、始祖——黃帝

黃帝是宇宙最高的統治者，他是天上群神的王，也是人間大地上的最高神，所以有關他的傳說最爲豐富。

黃帝崛起

炎帝勤政愛民，甚得民心，他轄下的部族，勢力愈來愈大，由南向北漸次擴張。於是炎帝的勢力，不可避免地與位處北方的統治者、象徵土德的黃帝，產生了摩擦和衝突。

日後被尊爲中華民族始祖的黃帝，姓姬，與炎帝同是少典氏之後。黃帝的母親名叫附寶，傳說她某日因婚後不孕，心裡焦慮，難以成眠，出門仰望夜空星斗，祈求上蒼，突然從北斗七星當中的天樞星旁，激射出一道巨大電光，直衝她而來，附寶因

「炎黃子孫」中的「黃」指的就是黃帝。

此而懷上了身孕。這因天感應誕下的嬰兒，就是黃帝。

黃帝在十五歲這一年接任領袖之職，號稱有熊氏，又因為發明了可供人乘坐的馬車，被稱為軒轅氏。他生有二十五個兒子，封在陳、張、任、趙、廖等地方，這就成為中國人姓氏的起源；甚至後來的夏、商、周、秦等朝的祖先，都是由他的苗裔所分衍出來的，所以後世稱黃帝為華人共同的祖先。

相傳黃帝曾作一個夢，夢中刮著大風，土地的垢土灰塵都被風吹得無影無蹤，又夢見有一人手拿千萬斤重的弓弩，驅趕著萬群的羊，夢醒後，他認為這場夢是個徵兆，自解夢道：「風，是代表號令執政之意，垢，去土旁乃為后，天下是否有姓『風』名『后』者，能助我執政？拿得動千萬斤的弓箭，表示有奇異的能力，能護守千萬隻的羊群，表示是個最佳的牧民人選，天底下是否有姓『力』名『牧』者，能助我牧民？」於是令人占卜，而在海隅之地尋得風后，在大澤之區訪得力牧，黃帝乃舉用他們為臣，以後兩人幫助黃帝執政治民，成就極大。

又相傳黃帝有一臣子名叫倉頡，看到馬的蹄印而觸發了靈感，依著萬物之形象，發明了象形文字；他的皇

創造出象形文字的倉頡。

后——嫘祖，由養蠶抽絲而發明了織布製衣的技藝。

在中國神話傳說裡，黃帝還沒有成爲人間的主宰之前，在天界主管的是風雨和雷電。黃帝可以同時眼觀四面、耳聽八方，在《山海經》裡，將他描述成擁有四個面龐的神祇，四雙眼睛此起彼落，天上人間任何動靜，都在黃帝的眼底，無所遁形。因此，他也是天神間最公平的裁判者。

《山海經》裡還有另一段對黃帝面目的不同描述：黃帝有六條腿，兩雙翅膀，而無臉無眼，身形像是一只鼓脹的皮囊，由內隱約透出金紅色的光芒。一個是四張臉八隻眼，耳聽八方；一個是三雙腿四片翅膀，混沌含光；這兩種對黃帝面目不同的描述，綜合起來，就透露出他的領導風格，也就是他並不是一個「以察察爲明」的領導人，相反的，黃帝很懂得提綱挈領，小事情輕鬆帶過，大處絕不放鬆。

有兩樁天界的謀殺案，可以證明黃帝這種「看似面目糊塗，其實精明內藏」的本領。第一樁案子，是有位名叫葆江的天神，在崑崙山

黃帝變成混沌的樣子。

南坡處遭到殺害。黃帝當即查出，殺神凶手正是山神燭陰之子、人面龍身的鼓，和人首馬軀的欽䲹。這兩位神界的敗類不久後就被黃帝派出天神，金刀萬里追，給結果了性命，替葆江伸張正義。

第二樁案子，是蛇身人面的天神貳負將其主窫窳殺害。黃帝查出，貳負幹下此等弒主勾當，幕後主使者，是家臣危。於是他差遣天兵天將追捕此二神，一番惡戰後捕獲了他們，黃帝命將貳負絞殺在鬼國之域，並且將危封印起來，以永世受困做為對他弒殺其主的懲罰，直至數千年後才被人掘出重見天日。

而現在，黃帝身為北方部族的領袖，發現位處南方的炎帝勢力，將會是一股不可小覷的威脅，同時也是最應該全力思考對付的大事。

所以，經過仔細盤算，黃帝決心主動出

可以飛翔在天空的老鷹，對於黃帝攻打炎帝的戰爭很有利。

擊，他以鷹、鶡、鷲、鴞等猛禽爲幟，動員了全族驍勇的戰士，還有虎、豹、熊、羆等猛獸做爲前驅，加上鬼神都來相助，在阪泉這個地方向炎帝發起了進攻。他的準備周全，攻勢快又猛烈，炎帝猝不及防，部將抵擋不住，被殺得大敗，麾下將士非死即傷，還有很多人被俘。最後炎帝帶著殘兵敗將，往極南瘴癘之地撤退。

戰神蚩尤奮起反抗

阪泉之戰，炎帝兵馬大敗虧輸，麾下眾多將領都淪爲黃帝的俘虜，這些俘虜裡面，有一位奇人異士，名叫蚩尤。

說神話故事裡的蚩尤是奇人異士，一點也不誇張：他是炎帝一族的戰士，身長數丈，鐵骨銅臂，力大無比；他有兄弟八十一人，各個都是鬚髮倒插，筆直堅硬如同鋼刷，雙腿好似石柱，拳頭有如西瓜。旁人吃米飯粥麵，蚩尤兄弟三餐以鐵塊石頭當作主食，鐵齒銅牙利能咬金斷玉。就算四肢全被綑縛，對著敵人一頭撞過去，那勝過鋼鐵的力道，還是能夠扭轉戰局，克敵制勝。不但勇武過人，蚩尤還以善於製作武器著稱，舉凡刀斧弓箭、大戟長劍甚至盾牌，他無一不精。這樣一來，蚩尤兄弟根本就是炎帝一族的鋼鐵部隊，裝甲戰士。只是最後仍不敵黃帝部隊的迅攻而敗陣。

阪泉一戰，黃帝大獲全勝，於是班師回朝，爲了盛陳威儀，特地在泰山召集天人三

◓戰神蚩尤率兵征討黃帝，模樣令神鬼莫擋。

界，大舉封賞有功諸臣。黃帝高高盤坐在四頭白象拉的五彩雲車裡，身旁隱約有數條金龍盤旋環繞、畢方鳥倚軾護衛，風伯為其驅動清風，雨師降雨灑掃塵埃。諸神在旁侍立，百鬼供其勞役；當然，排在隊伍最前頭，和戰利品一起拿來展示炫耀的，就是那些不幸淪為俘虜的炎帝諸神兵神將。正所謂冠蓋京華我獨憔悴，俘虜裡，蚩尤本是統兵作戰的大將，如今卻披頭散髮、衣衫襤褸，低頭走在隊列裡。看來真是慘淡而喪志。

其實，如果輦車之上洋洋得意的黃帝走近一點瞧，便會發現蚩尤這名俘虜絕不簡單，他的雙拳緊握，低垂的眼神偶爾上瞟，與黃帝近側諸神偶一交會，隨即撇開。顯然，蚩尤已經有所圖謀。

確實，如果這個時候，我們仔細瞧瞧與蚩尤眼神交會的天神，就能發現風伯和雨師，這兩位在黃帝陣營裡鬱鬱不得志的大將，早已和蚩尤勾結在一起，暗通款曲，要幫助他乘機潛逃，圖謀再舉。

果然，不久之後，蚩尤就在風伯、雨師的暗助下，找機會逃出黃帝的領地，回到炎帝部落。他回家後的第一件事，就是糾集一幫兄弟，招兵買馬，連通鬼神。接著，蚩尤去晉見炎帝，希望他出面號召，登高一呼，再次和黃帝對抗。然而炎帝在阪泉一戰過後，卻明白自己部族的戰力，無法與黃帝麾下的戰士長久抗衡；再者，兵連禍結，生靈塗炭，也不是他的本願，所以無論蚩尤如何懇請，炎帝只是低頭沉吟，堅不答允。

既然炎帝不願出面領導，蚩尤和他的一幫兄弟，便以炎帝爲號召，糾集了南方偏遠的苗族戰士，召喚出山林水澤、陰暗幽冥之間的魑魅魍魎爲其助陣，壯大聲勢。他們再一次組成了一支軍隊，向黃帝挑戰。

另一方面，知道蚩尤潛逃、捲土重來的黃帝，想要談和息兵不成，只得帶兵接戰。他率領三萬軍隊，以力牧爲前鋒大將、風后爲參謀，來到先前與炎帝會戰的阪泉之野。正待擺開陣勢，和蚩尤等人一較高下，沒想到原本風和日麗的天氣，突然間變得陰霾黑暗，烏雲密布；轉瞬間就狂風大作，飛沙走石，撲打得將士們伸手不見五指，連眼睛都睜不開，遑論作戰。

這正是潛伏在黃帝軍隊中的風伯、水師所幹的好事。他們配合蚩尤軍一齊發難，蚩尤兄弟和苗人、魑魅魍魎，張牙舞爪地一起撲過來。在蚩尤和風伯、雨師合力布下的漫天迷霧大陣裡，將黃帝的三萬將士團團困在垓心。

黃帝和眾將猝逢大變，卻能臨危不亂，他們壓低身形，握緊手中兵器，肩並肩的靠在一起，並未潰散。黃帝的車輦打頭陣，後頭諸將率領著精銳的將士，列為幾路縱隊，往各個方向突圍，可是，漫天大霧，日不見太陽，夜不見星斗，黃帝麾下各軍在迷陣裡混戰了整整三天，卻仍突破不出蚩尤設下的包圍圈。不但軍士們飢渴難當，沮喪不堪，連主帥黃帝也不知如何是好。

就在這個時候，隨著黃帝出征的另外一位神將風后，突然若有所悟：如果將一塊磁石，安放在車的前沿，就像天上的北斗星那樣，時時刻刻為人們指出方向，豈不是得以突破困局嗎？他立刻將這個構想向黃帝稟報，黃帝認為此計甚妙，馬上命隨軍工匠打造。這輛安裝磁石的車輛，箭頭始終堅定地指向南方，黃帝兵馬終於突破重圍，這也是「指南針」的由來。

突圍而出的黃帝，壓力仍然不輕：蚩尤大軍首戰先聲奪人，這時仍然擺出進攻陣勢，步步壓迫進逼。他喘息未定，便召集麾下眾將商討破敵之計。第一步，他決心召來天神應龍和旱魃前來助戰。

這應龍、旱魃是何方神聖？有何本事？他們又如何能破除蚩尤、風伯、雨師聯手設下的迷霧大陣呢？請見下回分曉。

應龍、旱魃為黃帝助戰

話說黃帝率兵和蚩尤會戰，卻踏入蚩尤和密謀倒戈的風伯、雨師所布下的迷霧大陣，靠著風后發明指南車的協助，好不容易殺出重圍，黃帝立刻召來各路諸侯，以及天界的應龍、旱魃前來助戰。

應龍和旱魃是天界主管雨、旱天象的神祇。這應龍形如其名，就是一條雙翅金龍，能夠生雲造雨；旱魃的來頭更大：她是黃帝的親生女兒，卻生得奇形怪狀，身軀細長，眼高於頂，常著一身青衣。而如果應龍善於行雲播雨，是一種神技的話，那麼旱魃天生就是一座行走的活火山！她的血液，便是滾燙的岩漿；她呼出的空氣，就是灼熱的焚風。這一水一火，就是黃帝準備克敵制勝的兩大生力軍。

一待前來增援的各路諸侯會集，黃帝便與蚩尤陣營約定於冀州的涿鹿，再度展開生死決戰。應龍銜黃帝之命爲前鋒，以猛烈的暴雨開啓攻勢，衝破蚩尤的迷霧。沒想到，風伯、雨師這兩名叛將，立刻翻江倒海，掀起巨浪，灑下大雨，讓應龍無水可用，無雨可播，轉瞬間就使黃帝軍

雙翼應龍為黃帝助戰。

陷入劣勢。

這時旱魃趕到，只見她杏眼圓睜，嬌叱一聲，剎那間光熱驟起，溫度陡高，風雨瞬間無影無蹤，所有迷霧化為蒸汽，不久便消散化為無影，還給了黃帝和麾下猛士們一個朗朗晴空。

黃帝見狀，趕緊發動全線總攻，蚩尤兄弟、苗兵苗將，和一干魑魅魍魎還沒來得及從旱魃的強光高熱震撼裡回過神來，黃帝軍以應龍打前鋒，各路諸侯在後掩殺，三兩下便將蚩尤大軍打得七零八落。

電母、風神、雨神三位，於戰爭中各司其職。

兵法祖師玄女、夔皮鼓與雷神骨槌

這一戰過後，蚩尤軍雖然大敗，但是接著雙方又打了十幾仗，蚩尤在屢屢挨打的情況下，仍然偶有佳作，反擊成功，帶給黃帝很大的威脅。黃帝雖然屢戰屢勝，可是難以捕捉蚩尤的主力加以消滅。他苦思之下，乾脆先將指揮權移交給大將力牧，自己親上東嶽泰山，訪求高人異士，謀得致勝之法。

或許是天命眷顧黃帝吧！就在上泰山不久，某日清晨，寬袍緩帶的黃帝正在散步，面前赫然出現了一位人面燕身、身姿曼妙的美麗女神，這正是感應到黃帝之召喚而前來相助的九天玄女。

泰山是奇峰絕頂，黃帝心忖九天玄女此來，一定是有所賜教，於是趕忙上前行禮，這九天玄女也不客套，當即斂容對黃帝說道：「蚩尤兄弟銅筋鐵骨，又有鬼神爲之相助，要想打敗他們，殊非易事。」看到黃帝聽得專注，九天玄女舉起三根手指，款款說道：「若要徹底擊敗蚩尤，須得三件法寶。」

「敢問，是哪三件法寶？」黃帝問道。

「其一，」九天玄女豎起第一根指頭，「是用兵作戰之道。」

「您所談的，莫非是戰陣之上行軍御眾之術？我雖不才，卻也識得

◓九天玄女授兵書給黃帝之圖。

一二。」黃帝不解地問道。

「不，您雖懂得用兵，但蚩尤兄弟也非庸才，他們更兼有鬼神布陣之法，單單知道怎麼行軍打仗，是贏不了他們的。我所說的用兵作戰，乃是兵家至高無上之學，可以寡擊眾、以弱勝強，不懼鬼神侵擾，有改變山河造化之力。這，我當即就能傳授與你。」黃帝連忙點頭答謝。

「其二，蚩尤兄弟銅筋鐵骨，需要一柄鋒銳無倫的寶劍，才能置其於死地。」九天玄女舉起第二根手指繼續說道，「我曾聽說，昆吾山的赤鐵堅硬無比，需要以黃銅爲引，赤鐵鍊劍，才能克制蚩尤。

「最後，也是最緊要的，」九天玄女豎起第三根指頭，「蚩尤兄弟招來諸多鬼魅爲其助陣，它們無懼於人間的刀槍兵器，要奪攝其魄，只有拿著以雷神之骨製成的鼓槌，猛力敲打夔皮製成的戰鼓，所發出響徹雲霄的巨響，才辦得到。三法寶若能集合在一處，何愁蚩尤不破？」

黃帝一聽大喜，謝過九天玄女後立刻下山，派出天神各路尋訪，在雷澤之中找到了雷神。這雷神乃一條人面龍神的異物，他的嘯聲就是雨前的響雷。黃帝派遣的天兵天將捕殺了雷神，抽出身上最粗長的兩根骨頭，帶回去做成鼓槌。黃帝又派自己的兒子，也就是東海龍王禺虢將夔捕來。這夔也不是尋常動物，牠生活在浩瀚東海中離岸七千里遠的流波山上，形貌似無角牛，體色蒼灰，只有一條腿。牠不常出沒，但只要出現於海面，就會引來大風大雨。牠的叫聲同樣驚天動地，響徹百里。現在，黃帝嚴令催逼，禺虢在最短時間裡找到了夔，將牠的皮製成了一面戰鼓。最後，西方神界又遣使者，專程送來一柄以昆吾山赤鐵鑄成的寶劍。

好了，現在兵法、戰鼓、寶劍三者俱全，黃帝立刻召集諸將，準備全線進擊，一舉消滅蚩尤。先前黃帝上泰山，代掌兵符的力牧率兵和蚩尤周旋，面對敵人的兇猛攻勢，維持得非常辛苦。總算竭力撐持，等到了主帥回營，不過，黃帝給力牧的第一道命令，就是要他繼續率領著殘兵敗將，向連贏數陣的蚩尤叫陣，誘其主力進入黃帝所布下的陣中。

力牧遵命出戰，按照吩咐示弱，被蚩尤打得大敗，一路往預設的山谷中逃來。蚩尤雖然心知黃帝可能已經回營坐鎮，谷中可能埋下伏兵，但是尋常刀斧也不能傷他兄弟毫毛，伏兵再多又有何懼？當下催動兵馬，連同魑魅魍魎、苗兵苗將殺入谷中。

在山峰上高坐的黃帝，見到蚩尤已入圈套，卻不急著讓伏兵殺出。他命人持著雷神鼓槌，敲響夔皮戰鼓。第一通鼓，魑魅魍魎茫然呆立，不知所聞爲何恐怖之聲；第二通鼓，響亮宏敞的鼓聲貫穿心肺，百鬼魂飛魄散，苗兵土崩瓦解；第三通鼓，苗兵苗將心碎膽裂，無法站立。這時，攻擊的時候到了！黃帝高舉昆吾寶劍，大聲高呼，所有伏兵從四面八方一齊殺出，向蚩尤進攻！

在天空中，黃帝陣營的應龍、旱魃和蚩尤一方的風伯、雨師以神力相抗；在地面上，兩軍的萬千戰士各自擎著兵器，拿性命相搏。但是，在蚩尤這一方，失去了厲鬼和苗人兩大強援，又遭到黃帝兵馬從四方掩殺，相持的局面很快結束，取而代之的是蚩尤一方全面落於下風。蚩尤兄弟雖然拚力奮戰，但親入戰陣的黃帝，手持昆吾寶劍，原先的銅筋鐵骨，竟成了軟泥豆腐。終於，黃帝陣營高歌猛進，蚩尤一方血流成河，勝負見了分曉。

然而，即使是敗局已明，毫無勝算，也絲毫不能動搖蚩尤奮戰到底、絕不認輸的氣魄。他左右衝突，砍死殺傷黃帝麾下兵馬不計其數，終於突破層層包圍，從谷口南端殺出。黃帝派應龍趕去堵截，應龍由天而降，以扎實的繩索絆倒狂奔的蚩尤，正要將他綑牢，哪知蚩尤使盡全身力道，當頭一槌，頓時撞得應龍滿眼金星，再次突圍逃去。黃帝眼見又將功虧一簣，連忙指揮天兵天將前往追趕，終於在黎山追上了氣力放盡的蚩尤，從頭到腳，用鐵索緊緊綁牢。為免夜長夢多，黃帝下令，持他的昆吾寶劍，將這位宿敵悍將就地殺死，以絕後患。

一代英雄蚩尤，就這樣走向生命的結局。為了預防蚩尤成精作怪，又來鬧事作亂，黃帝決定，砍下他的首級，與身體分葬兩地：一處在東平郡壽張縣闞鄉城，墳高七丈；另一處在山陽郡巨野，墳墩的大小，和葬首級處略同。黃帝又命記事的史官，將蚩尤描繪成一個無惡不作的碩大怪獸，他率兵造反，想要推翻黃帝，而黃帝之所以將他處死，還身首異處的埋葬他，則完全是順天應人之舉。於是在世世代代父老口耳相傳的傳說故事裡，成了惡人的蚩尤，再也沒有翻過身來。

唯有他葬身之處的人們，還清楚地記得：這裡，埋葬的是一位力戰身亡的大英雄。而且當地傳說，每年的秋天，從蚩尤墓裡會浮現裊裊上升的赤光紅氣，人稱「蚩尤旗」。那是蚩尤流淌的鮮血，是英雄人物的不平之鳴……。

無頭巨人刑天

蚩尤戰敗力盡身亡，消息傳回，南方一片悲悽。力阻蚩尤不成的炎帝，聽見愛將身首異處，不禁哀哀痛哭。炎帝的眼淚，卻激起了一位巨人熊熊烈火般的鬥志。這位巨人身形巨大，一躍能跨越萬里江河，他不但力大無比，又能作詞譜曲，曾經創作《扶犁曲》、《豐年詞》等曲目，獻給炎帝做爲祝壽賀禮。炎帝北征，與黃帝在阪泉交戰時，刑天留守南方；蚩尤北上復仇，他又被留下。現在，看見黃帝大肆慶功，又將蚩尤描繪成暴虐殘忍的猛獸，巨人心裡有極大的不滿不平，他想要北上，用手中的盾牌戰斧向黃帝發出怒吼，讓北方的部族知道：戰敗者也有尊嚴，力戰而亡者更應該受到尊重！

巨人就這樣頭也不回的，踏上他最後的旅程。懷著一股不平之氣，他一路勢如破竹，沒有人能攔得住他，也沒有人能擋得下他。當各地的急報傳到黃帝這裡來時，他低下自己的頭，陷入了深深的沉思。多少年以來頭一次，他反省，或許自己趾高氣昂的勝利者面孔，是錯誤的。

可是，對待敵人最高的尊重，不是屈辱的讓步，而是坦然平等的迎戰。所以，黃帝拒絕了屬下動用天兵天將追堵南方巨人的建議，提著昆吾寶劍，親自出馬來戰。

平民百姓、升斗小民看到了難忘的景象：兩名巨大無倫的身影，在雲朵之間穿梭，彼此兵刃相交時，就發出巨大的聲響與閃光。黃帝此時已不輕易出手了，這樣的場景是很難見到的。黃帝與巨人上天下地，一路激鬥，從北方來到西面的常羊山附近。

常羊山上吹著北風，黃昏的夕陽像血似地染紅了天邊，西天落日的餘暉使巨人想起了炎帝神農，多少次，他不是就在這樣的黃昏裡和炎帝、蚩尤駕著馬車漫步在瀟湘的楚地之上嗎？

想起故鄉，英雄微微笑了一下，手中的戰斧略鬆了一鬆，然而就在這麼一剎那的時候，突然一陣寒光閃至，黃帝手中的昆吾寶劍，已將刑天的頭顱斬落在地。

頭顱落地的巨人覺得四周是一片漆黑，他只好蹲下身來

揮舞著干戚的刑天，奮力不懈地反擊。

伸手向地上摸索，常羊山上的亂石和樹木都在英雄的那雙巨手接觸下折斷崩潰了，巨人手上的鮮血染紅了山上的草木，落日殘照下的常羊山，是一片充滿感傷的紅色。

勝利的黃帝看到巨人在地上摸索著尋找自己的頭顱，於是他再度高舉寶劍，把一座常羊山劈成了兩半。那頭顱骨碌碌滾入山內，大山又合而爲一，巨人英雄永遠都找不到他的頭顱了。

「你失敗了！」黃帝收回他的劍說。

「不，軒轅，失敗是屬於絕望的人，我雖然沒有了頭，但是我還能用我胸前的雙乳當眼睛，用我的肚臍當嘴巴，我的整個身體就是我的頭，我還能戰鬥，我沒有敗！」沒有頭的巨人突然站了起來，向著空中揮動著他手中的盾牌與巨斧，向看不見的黃帝做拚死的戰鬥。此刻，他有了一個新的名字，叫作「刑天」。刑的意思是斬殺，天的意思是頭顱。

太陽落下去了，四周是一片漆黑，北風更緊。

山下有一排排的火把，是四方諸侯和人群來此迎接戰勝的黃帝，當他們看到黃帝向著山下走來的時候，他們發出了一片祝賀的歡呼。走在火把與歡呼聲中的黃帝，忽然感到一陣寂寞，一種站在天下最高峰卻四顧無敵的強者寂寞，一種像失去了最好的朋友也是最好的對手以後的寂寞。他回頭望著仍在北風中兀自舞動著干（盾牌）戚（戰斧）做殊死戰的刑天，終於忍不住嘆了口氣，指著常羊山峰，他對著他的子民們說：「你們看，這是眞正的男子漢，勇者刑天！」

幾千年後，東晉大詩人陶淵明讀《山海經》，深爲斷頭巨人刑天的精神所感動，於是他提筆寫了兩句詩來追悼刑天：「刑天舞干戚，猛志固常在。」

黃帝主宰宇宙

戰勝了炎帝的大軍，又砍下了堅持與他作對的蚩尤、刑天頭顱，黃帝這幾年來，東征西討，掃平海內，一統寰宇，再沒有神與人可與他相抗，終於成爲天地之間至尊的帝王。

黃帝坐鎮在這廣袤的國度中央，以風后爲丞相、力牧爲大將軍，統轄八十一個諸侯國。還有四方諸國，也奉他爲宗主。東方的三十六國，歷來由代表木德的伏羲掌管，伏羲與黃帝一向相安無事。至於南方三十六國，仍然委由代表火德的炎帝治理。炎帝阪泉一戰兵敗，至此休養生息，深受民眾愛戴，實力仍然不可小覷，黃帝也明白這一點，所以也不趕盡殺絕。另一方面，炎帝經此失敗，又連喪蚩尤、刑天兩員大將，早已沒有了爭奪天下的野心。爲了表示對炎帝部族的尊重與認可，黃帝仍然讓他爲南方之主。

所以，就剩下西方和北方了。黃帝以他的侄孫少昊爲西方之主，象徵金德，總領著西方三十六國；又封曾孫顓頊爲北方之主，代表水德，統轄北方三十六國。

四方之主既定，黃帝接著又分封四海海神。他委派之前捕獲夔的禺虢爲東海之王，禺虢之子禺京與不廷胡余、弇茲分別擔任北海王、南海王、西海王。這些海神，都非凡人，他們都是人頭鳥身、耳後青蛇、腳踩赤蟒的威能之士。

黃帝還在每一座高山、每一條大河都設立了山君、河伯，以資鎮懾。如此一來，山川大河，都在神明世界的管理之下。至於，連那終年不見陽光的北極荒漠，仍由自天地開闢以來即居住於此的鍾山之神燭陰把守。這燭陰的眞身，是一條長達千里的大蛇，他有著人面和紅膚。燭陰平日不飲、不食、不呼吸；一吐出寒氣，就讓人間進入冬季；一呼出熱氣，熱浪滾滾，象徵夏天的到來。他一睡半年，一醒也是半年，醒來時睜眼，北極就整日光明；睡時閉眼，四周就陷入一片黑暗，這就是我們今天所說的極晝、極夜。

黃帝還擔心神、鬼、獸中的敗類，會逾越自己的領域，來到凡間，侵犯百姓小家子的平靜生活。他又教導百姓，在門上貼上神荼、鬱壘的畫像，守護人類的安全。這神荼、鬱壘本是住在東海度朔山一株大桃樹上的天神，負責稽查百鬼的行爲，至此，黃帝封他們倆爲門神。

現在，四方山河、神鬼人獸的秩序，都已經建立了。黃帝很是欣慰，遍命樂官伶倫譜出一闋雄壯威武的慶功樂曲《棡鼓曲》。這部樂曲共分十章，有《雷震驚》、《靈夔吼》、《猛虎駭》、《鵰鶚爭》等，演奏時配以特製的大鼓、金鉦，果然聲音雄壯威

◓ 鍾山之神燭陰，是條人面大蟒。

武、磅礴大氣。黃帝端坐在國度的中央最高處，俯瞰世間，他聽著慶功曲，接受來自天上人間、湖海山河的神鬼人獸朝拜，到此，一切皆功德圓滿。

三、鳥國之王——少昊

西方的天帝少昊，他的誕生是很不平常的。據說，少昊的母親，原是天上專司紡織的仙女，名叫皇娥。她所編織出來的錦緞，像是天空中流光溢彩的雲霞，令諸神愛不釋手。因爲如此，皇娥的工作量很大，疲倦時，她經常搭乘一扁舟，輕搖木櫓，在銀河裡留連。

有一天，皇娥倦極了，她放下織機，乘扁舟，沿著銀河溯流而上，駛往西海的穹桑。這西海裡的穹桑，是一棵高達八百丈的大樹，萬年一度結出的果實吃下可與天地同壽，而在這閃閃的銀河旁，有一位容貌超塵絕俗的少年，每天都於此徘徊。皇娥與他在穹桑之下邂逅了。這位少年是黃帝的同胞兄弟西方白帝的兒子，也就是後來神話故事裡的太白金星。少年與皇娥一見鍾情，陷入愛河。不久後，他們私訂了終身。兩人相依相偎，唱歌和曲，如膠似漆，就算是天界神仙，也會自嘆弗如。兩人將桂木拿來做桅杆，又把香草結織成旗，再刻了玉鳩形狀的風標置於桅頂，在銀河裡肆意地漫遊。在隨風漂流的木筏上，少年奏起了桐峰梓瑟，他的樂聲如高山飛瀑，又如春日微風；皇娥唱起了情歌，歌裡既有暖暖情意，又有柔和珠潤的聲音。兩人一唱一和，樂而忘返。一年之後，皇娥與少年有了愛的結晶，他就是少昊，因爲是誕生在穹桑底下，所以又名穹桑氏。

傳說裡，少昊的實相，是一隻金羽金喙的巨鵬。他長大成人後，在東海幾萬里外的海島上，建立了一個鳥的王國，以各類飛禽出任文武官員。比如，鳳凰通曉天時，就負責頒布曆法。剽悍武勇的魚鷹，主持兵事；鶺鴒天性孝敬父母，由牠專司教化；布穀鳥主管營繕與水利興修；威嚴公正的蒼鷹，主管司法；斑鳩因爲熱心，負責各項雜務。此外，還有五種野雞、九種扈鳥，分管農業、工藝上的大小事項。

宋徽宗繪製的《聽琴圖》。撫琴情致，遠自少昊時代便已有之。

少昊還在這東方鳥國爲王時，他的侄兒、也就是黃帝的曾孫顓頊，曾經渡過汪洋大海，前來探訪。對這個年幼的侄兒，少昊很是喜歡，爲了栽培他，將來有能力統治一個國度，少昊讓他協助處理鳥國政務。他還發揮傳自雙親的才能，製作出樂聲悠揚的琴瑟，將彈唱之法教給顓頊。後來，顓頊長大，回到自己的封邑去了。顓頊一走，人去樓空，空弦無人能傾聽，少昊睹琴傷情，終於將琴瑟拋到海裡，不復鼓瑟。傳說，在風清月朗、碧海無波的夜裡，大海中偶然會傳出一陣陣悠揚悅耳的琴聲，那就是少昊的琴瑟所發出的聲響。

黃帝廓清寰宇，分封子侄鎮守四方。少昊也被封爲象徵金德的西方之帝。於是，少昊告別了百鳥諸臣屬，準備上任。他派出人面鳥身的長子勾芒前往東方，擔任東帝伏羲的屬神，自己則帶著人臉虎爪、手持巨斧、足踏雙龍的小兒子蓐收回到了中土故鄉。

少昊上任以後，居所在西方最高的長留山，幼子蓐收則住在幼山。名義上，父子倆統轄著西方三十六國，實際卻很清閒，只需在每天傍晚，觀察西落的太陽映照在東邊的紅霞是否正常。巨大的紅日西沉，渾圓的霞光滿映天際，壯闊又淒美。因此，少昊有了一個別名，叫作員神，蓐收的別名則叫作紅光。他們的名字，就象徵著落日時美麗的風景。

四、北方天帝——顓頊

黃帝掃平宇內，使天下大治，到了他統治的後期，領導統御的藝術與本領已臻化境。天、地、人三界，各安其位，和睦熙攘，萬物生靈運作有時，風調雨順，黃帝端拱九重而德化萬民。

或許正是如此，黃帝感應自己已經完成了上天交付的天命。他發遣民夫差役前往首山，開採銅礦，以之在荊山下鑄造寶鼎。到了寶鼎鑄成這天，黃帝親往，此時飛降一條金色巨龍，垂下龍鬍相迎。返回天庭的時候到了，黃帝命將帝位傳給了他認爲有才幹的曾孫顓頊，自己乘龍上天，隨他同行的大臣、嬪妃共有七十多位，這就是成語「龍馭上賓」的由來。大臣百姓們看著漸高漸遠的黃帝，不捨的眼淚流了七天七夜，淹沒了寶鼎，匯成了大湖，後來人們便稱此湖爲「鼎湖」。

顓頊及其鬼、獸諸子

繼黃帝位統治天下的顓頊，原來是北方之主，象徵水德。他的祖父乃是黃帝與嫘祖的二兒子昌意。昌意因爲犯了過錯，被貶謫到若水這個地方，生下了韓流。韓流的眞身頗爲古怪：脖頸細長，耳朵小而尖，人面豬口、全身鱗甲，雙腿豬蹄。韓流娶淖子氏的女兒爲妻，生下了顓頊。顓頊的長相，與他的父親相仿。

顓頊幼時曾經訪問東海的鳥國，受過叔父少昊的薰陶，於音律上頗有心得。他曾讓八條飛龍仿傚風聲而長吟，將不同的聲調合為一曲，命名為《承雲曲》，專門用來紀念黃帝。他又突發奇想，命揚子鱷作鼓樂一首。這揚子鱷的背上，披有堅厚的鱗甲，鳴叫的聲音如巨鼓作響，牠本成天躺在池沼底部的洞穴內龜息，對鼓樂毫無所悉，但是這回受了帝王的委派，不敢輕忽，只得拿出精神，揮動粗大的尾巴，敲打自己鼓凸的灰肚皮，果然「鼕鼕」作響，聲音嘹亮，響震百里。後世的人們，受到顓頊的影響，紛紛拿揚子鱷的皮來製鼓，這種鼓叫作「鼉鼓」。

初登大位、統治天人三界的顓頊，即位後便大事更張。他所做的第一件大事，就是將原本不停運轉的日月星辰，全都限拴在天穹之北，在北方上空綻放光芒。如此，北方，也就是他德行的象徵之地便經年大放燦光。而相反的，卻使得東、南、西方光線幽暗，百姓農作枯萎，生活在闃黑之中。

顓頊做的第二件大變動，是隔絕天和地之間的通道。在他執掌三界大權之前，天、地雖也高闊分隔，但有數道天梯可資相通。這所謂「天梯」，就是各地的峻嶺高山和參天大樹。天梯對神、鬼、人一視同仁，非但有異術者可以輕鬆往來，人間智勇之士也能攀登天梯，直達天庭。在那時候，人們可登梯上天，將自身所受的冤苦直接向天帝申訴；天神也可以任意由天梯下凡，來人間遊山玩水，甚至遁世隱居。人與神之間的界限，並不明確。

顓頊繼位，以蚩尤、刑天等能輕易上達天庭、發動叛亂為由，命令孫兒重和黎去把天地的通路截斷，讓人神之間從此判然兩途。這樣一來，天地之間雖然不再能夠便利地自由往來，卻能保障天庭的清靜和秩序。

重和黎兩位都是天界的大力神，他們接獲聖旨後，當即運足全力，一個兩手托天，一個雙掌按地，吆喝一聲，雙雙發力，托天按地。於是天漸漸上升，地漸漸下沉，本來相隔不遠的天上地下，就成了相望而再不可及的兩端，高山、巨木再高，也無法直達天聽了。從此，托天的重，與其子孫就專門管理天，按地的黎和他的後裔便專門負責地。黎的兒子名叫噓，他天生沒有手臂，便使用兩隻腳翻轉行走，四處考察，幫助父親確認日月星辰的先後次序。

而自從天和地之間斷絕交通，天界上若干威能強大的神還能夠騰雲駕霧，私下人間，可是地上的人們卻再也沒有直達天界的機會，人神之間遂此失去了直接通達的管道。天神們高高地生活在雲端天界，坐享人類的祭祀和奉獻，而人間的種種痛苦和災難，神卻可以裝聾作啞，不聞不問。

顓頊這樣的做法，只顧天界清靜，卻不理人間苦難；不但如此，他還生出許多鬼蜮般的兒子，來危害人類。他有三個夭亡的兒子，變爲厲鬼，一個兒子生來爲獸，另有一個兒子骨瘦如柴，天性愛吃廚餘，正月三十死於陋巷，後來成了窮鬼。先說這個窮鬼，凡間的人們最怕他上門，想方設法要將他請走。民間習俗，農曆正月二十九送窮鬼，常見的方式是打掃屋子庭院，把掃出來的垃圾當作窮鬼，趕緊處理乾淨後插香、放炮，稱作「崩窮鬼」。

最後，顓頊的兒子裡，還有一匹名叫檮杌的怪獸。牠有人的面孔，卻生得老虎的身軀和利爪，野豬的嘴巴和獠牙；牠披著三尺多長的鬃毛，身長足有一丈八尺長，在西方的荒野橫行霸道，令過路的人們心驚膽跳。牠是後世怪獸的代名詞。

人面虎身的檮杌。

在顓頊的孫輩後裔當中，還有一個非常著名的人物，那就是鼎鼎大名的彭祖。彭祖是顓頊的玄孫，他的父親娶了鬼方氏的女兒，懷胎三年而遲遲不產，無奈之下，只好用刀剖開左腋窩，從中蹦出三個碩大的男嬰來；彭祖就是當中的一個。他繼承了一部分黃帝家族天神的血統，據說從堯舜時代一直活到西周初年，享壽八百多歲，臨死時還哀嘆自己不如祖先，太過短命。

顓頊繼位，擅作更張，他的鬼、獸兒子們興風作浪，還有一大群作祟、招災引禍的山精水怪，他們合力把黃帝傳下來的太平世界攪弄得哀鴻遍野，才不過幾年，就爆發了水神共工帶領的天神叛亂事件，天地因此而起了大變動。

水神共工怒觸不周山

水神共工是一個人面蛇身朱髮的巨人，他統治著西北大荒之中的北國風沙之地。這是一個終年不見日光的幽冥之國，有凍寒積冰，雪雹霜霰，漂潤群水的千里大澤，大澤在雁門北邊，是群鳥來此更換羽毛的地方，所以叫作委羽之山，又叫瀚海。在這裡住著西北大荒中的無數英雄豪傑，有身長千里、其身九屈的地獄王土伯，有人面蛇身赤髮、終年不飲不食不息的鍾山神燭龍（即燭陰），以及耳朵上掛著兩黃蛇，右手操青蛇，左手握黃蛇，整年蹲在海中大山上望著太陽的巨人夸父。

共工是炎帝一族的後代，和黃帝家族本來就有著恩怨過節。另外一方面，自從顓頊接掌天庭、治理河山之後，不但不愛惜民力，對其他天神也無理蠻橫，弄得天界人間都怨聲載道。

共工看到這種情況，認爲起來造反的時機到了。他暗地活動，約集心懷不軌的天界諸神，互爲盟誓，要取顓頊而代之，重建天界人間的山河秩序。這群叛神們推舉共工爲領袖，召集麾下天兵，輕騎短刃，以迅雷不及掩耳的速度，朝天庭奔殺而去。變故陡生，顓頊身體裡那黃帝後裔的血液倒是覺醒過來了，面對強敵突襲，他異常冷靜，一面點燃烽火，召集四方諸侯迅速來援；一面又親自率兵，前去接戰。只要擋住共工這快如雷霆的一擊，勝利將會牢牢地掌握在他顓頊的手上。

慘烈的搏鬥開始了，天空中除卻轟隆的雷聲與陣陣的霹靂閃光外，就是雙方劇烈交戰的聲響。隨著戰事進行，顓頊的部眾越聚越多，黃帝後裔從四方陸續趕到赴援，有人形虎尾的泰逢、龍頭人身的計蒙，更有兩個蜂窩腦袋的驕蟲自平逢山趕來；相反的，共工這方的戰士卻越來越少，將軍拒比重傷，武臣王子夜的雙手雙腳全被砍斷。連共工的兒子、淮河水神浮游也因爲被逼得進退無路，又不願投降，自沉於淮水。

突襲不成，敵有強援，共工奮力殺出，一路且戰且走，來到西北方的不周山下，清點身邊兵馬，僅剩十三騎了。他抬頭看去，不周山奇崛突兀，霸道地橫在面前，擋住了去路。共工知道，不周山是撐天的巨柱，也是顓頊維持統治的一道重要憑藉。他的身後，已經聽得見追兵的喊殺聲，前面也早已無路可去。

「失德者失天下，爲什麼會是你勝我敗！爲什麼炎帝子孫永遠要做輸的那方！不，我敗不甘心！」共工發出絕望的怒吼，拚盡所有的力氣，做出最後一擊。他迎頭往不周山撞去，力道之威猛讓這天地的支柱就此斷折。

天崩地裂，整個世界便隨之大大的傾斜了：西北的天穹失去撐持而向下傾落，使拴繫在北方天頂的太陽、月亮和星星再也無法維持在原來的位置上，紛紛往低斜的西天滑去，也就成了我們今天所看見的日月星辰的運行路線，從東邊升起，由西邊落下，日月星辰不再固定不動，這也解除了當時人們所遭受永晝、永夜的痛苦；而東南大地塌陷下去，成就了我們今天所見的中國地勢：西北高聳、東南低窪，也因此，江河向東奔流、匯入東海。

共工雖然失敗了，可是他的叛逆精神卻影響了他的子孫，使得後來西北大荒之中，產生了無數的英雄。例如追逐太陽的夸父，在神話的系譜上，就是共工的子孫。

共工的幾個兒子也個個都是驃厲強悍之士，他的兒子浮游，曾經追隨共工南征北戰，戰敗自沉於水後，他變成了可怕的厲鬼，經常跑到地上來危害地上的人民：浮游曾經化為一頭紅熊，跑到晉平公的屏風後面，平公一見大駭，嚇得生了一場大病。可是這個不怕神鬼、不怕天地的共工之子，卻只怕一件東西，就是地上的紅豆，因為他自殺那天正是冬至，所以後來地上的人類每年到了冬至的時候，就煮紅豆粥投到水中去祭浮游，為的是不讓他再回到地上來嚇

共工怒觸不周山，天地隨之震動。

人。

共工的另一兒子叫作脩，他不像他的兄弟浮游那麼兇悍可怕，他喜歡遠遊，凡是天上人間，只要是他的舟車能到達的地方，他都去過了，所以後來的人們就把他奉為祖神，祖神就是旅行之神的意思；漢武帝征匈奴，大將軍李廣利出發的時候，丞相曾經在渭橋為他們祈求平安。後世中國人送別時便有擺酒道別的習俗，希望遠行者更進一杯酒，為的固然是西出陽關之後沒有故人，更為的是祝福遠行的人能夠旅途平安，這個習俗相傳就是源自共工之子脩被奉為旅行神的古代信仰。

共工怒觸不周山，雖然天地起了很大的變化，烈火從山林間燃燒著，洪水從地府湧上來，人間的秩序因此大亂，弱肉強食，一片紊亂。但經過女媧補天，天地重整後，人間變為一個嶄新的世界。據說那時候惡禽猛獸死的早已死滅，不死的也漸漸變得溫馴，可以和人類做朋友了。人類快樂地生活著，渾渾噩噩，無憂無慮，一會兒以為自己是馬，一會兒又以為自己是牛。原野裡多的是天然生產的食物，用不著操心費神即可吃個飽足。吃不完的糧食就放在田邊，也沒人來搶食。生下的嬰兒擱在樹巔的鳥巢裡，風吹巢動，就像是天然的搖籃。老虎獅豹的尾巴可以拉著玩耍，踩了蟒蛇的身體也不怕受害。這就是後來一般人所夢想的「黃金時代」的上古。

五、半人半神的帝嚳

也許是與共工一戰，大耗心神，也許是不周山的崩塌，震傷了心脈，又或許是原先牢固的江山不再，不久之後，顓頊便龍歸大海，壽終正寢了。他死後，與九名嬪妃合葬在北方的附禺山裡，他的陵墓，據說方圓達三百里。每當北風吹起，大地蕭瑟之時，會有一條蛇從陵墓裡竄出，又變幻成一尾魚，顓頊那不甘離世的魂魄，就趁此機會附在魚的身上復活。還陽的顓頊，一側是人，半邊是魚，人稱「魚婦」。當北風停歇，大地回暖，魚便復化為蛇，顓頊就又魂飛魄散，含恨離世了。

在顓頊之後，繼起掌理天地山河的是帝嚳。帝嚳又叫作帝俊，是黃帝的曾孫，與顓頊分屬不同的支系，他是黃帝的長子玄囂這支傳下來的。他母親為蜀山氏之女，名叫女樞。有一次，女樞在幽彥宮內作夢，夢中有光亮如虹的瑤光之星出現，與她相接觸而生帝嚳。

帝嚳的嬪妃

傳說帝嚳有兩位女神妻子。一位是太陽女神羲和，生了十個太陽兒子，常常在東南海外的甘淵，用清涼甜美的泉水替她的兒子們洗澡，使一個一個的太陽鮮潔而明亮，好叫他們輪班出去工作的時候，更能盡到他們的職責；另外一位是月亮女神常羲。常羲生了十二個月亮女兒，也常在西方荒野的某個地方替她的月亮女兒們洗澡。

帝嚳和顓頊一樣，非常喜歡音樂。顓頊曾叫飛龍倣效八方風聲作《承雲曲》；帝嚳卻命樂師咸黑作了《九招》、《六列》、《六英》等歌曲，又命樂工製作了鼙鼓、磬、苓、管、箎、椎鐘等樂器，再叫人把這些樂器按著樂譜吹打起來，又叫一些人在兩旁隨著節拍拍著掌，在音樂和拍掌聲中，一隻叫作「天翟」的鳳鳥，受了帝嚳的差遣，便展開牠美麗的翅膀，雍容而有度地在殿堂上翩翩地舞蹈著。

帝嚳還有一個妃子，是鄒屠氏的女兒。據說黃帝殺了蚩尤之後，就把好人都遷到鄒屠這個地方來，而把壞人都流放到北方寒荒之地去。帝嚳的這個妃子就是好人當中的精英，她走路腳不沾地面，而是乘風駕雲，像華胥國的人民一樣，是介乎人和神之間的神人。她常常這麼飄然而來，飄然而去，遨遊在伊水和洛水之間，帝嚳對這個瀟灑女子產生了情意，就納她爲自己的妃子。這妃子經常夢見吞吃太陽，作一個吞吃太陽的夢，就生一個兒子，一共作了八個這樣的

傳說中，帝嚳的人類妻子簡狄吞下燕子蛋，而生下了商朝王室先祖——契。

夢，就生了八個兒子，一般人都叫她這八個兒子爲「八神」。

當帝嚳已經人化，成爲古代帝王之一的時候，娶了四名人類女子爲妻：第一個妻子叫姜嫄，因踐踏巨人足印，受感應而結孕，產下周始祖后稷，后稷的十六世孫周武王建立了周朝；第二個妻子叫簡狄，因吞下燕子蛋而懷胎，產下商族始祖契，契的十四世孫成湯建立了商朝。第三個妻子是陳鋒氏的女兒慶都，生了帝堯；第四個是常儀，生下了帝摯。

帝嚳這四個妻子所生的兒子，都是不同凡響的；有的成爲一個民族的始祖，如契和后稷；有的直接繼承王位，做了人間的帝王，如帝堯和帝摯。

六、刻苦儉樸的帝堯

據說帝嚳在位七十八年，在諸子中以摯最年長，帝嚳死後就由摯繼爲天子，在位九年，政教微弱，不久早死，這時他的異母弟被封爲唐侯的「放勳」，有盛德，諸侯歸之，被擁爲天子，這就是帝堯。

勤政愛民

堯的母親慶都生而神異，常有黃雲高高地在她頭上迴繞，嫁給帝嚳爲王妃後，此種現象更加頻仍。有一次出遊於河上，忽有赤龍自天而降，風怒雨號，回到宮中不久慶都就懷孕，十四個月後於丹陵生下了堯。堯的身材魁梧，身高十尺，濃眉粗眼，眉有八采；據說他常夢見自己攀於天之上，因之二十歲就登上帝位。

一提起堯，大家馬上就想到他是歷史上出了名節儉、樸素、顧念人民的好國君。傳說他住著用參差不齊的茅草蓋成的屋子，屋內的柱和樑是拿山上砍下來的粗糙木頭直接拿來蓋房，連刨都不刨一下；喝的是野菜湯，吃的是糙米飯，身上穿的是粗麻布衣服，天冷了就加上一件鹿皮披衫擋風寒；使用的器皿不過是些土碗土鉢。所以後來的人聽說當皇帝的帝堯過的竟是這樣一種刻苦檢樸的生活，不禁感嘆地說：「恐怕現在連守門小官過的生活也比堯過的生活好些呢！」

堯又是怎樣的顧念百姓呢？據說，假如國裡有一個人肚子餓沒飯吃，堯必定說：「這是我使他肚子餓的。」假如國內有一個人身上冷而沒衣服穿，堯必定會說：「這是我陷害他到罪惡的泥坑裡去的。」他就是這樣一位把一切責任都擔在自己肩頭的賢君，所以在他當國君的整整一百年當中，即使有可怕的大旱災，大旱過後又接著大水災，人民對於這位好國君仍舊衷心愛戴，毫無怨言。

因此傳說在堯之世，有景星耀於天、甘露降於地、朱草生於郊、鳳凰止於庭、嘉禾孳於畝、醴泉湧於山、蓂莢生於階等等十種吉祥的徵兆，其中以「蓂莢」這種植物最爲奇特。據說當時每逢初一起，根植於宮前台階上的蓂莢就會每天長出一粒豆莢，接連長十五天共有十五粒豆莢，到了第十六天卻不再長莢，反而每天各落一莢，這樣等到全部落完，剛好共三十天，如此反覆循環，堯便規定以這樣的循環做爲一個月，一個月有三十天的計算方法就是這樣來的。在這種蓂莢的旁邊還生出一種樹，每月長一葉，連續六個月，到了第七個月就會每月凋零一葉，堯也以此爲準，做爲推算每年月數的標準。

堯不但本身是個好國君，在他左右辦事的也都是些有名的賢臣：如像后稷作農師，倕作工師，皋陶作法官，夔作樂官，舜作司徒掌管教育，契作司馬掌管軍政……等等。他們都各有其傳說故事。

據說，皋陶的狀貌長得很是奇特：臉色青中帶綠，嘴巴長長地伸出來，像馬嘴巴。他當法官，可眞是精明幹練又鐵面無私，無論什麼疑難案子到他手裡都能馬上水落石出。他爲何會有這樣大的本領呢？原來他養有一隻獨角神羊「解廌」（又名獬豸），替他效了很大的勞。這羊長著青色的毛，身軀龐大，有點像熊，夏天住在水澤邊上，冬天住在松柏林裡，性情極忠耿正直。看見人有爭端，總是用牠的角去觸那站不住理的一方。馬嘴皋陶審問案子時，就命這隻神羊去抵觸爭論的雙方，於是誰是誰非，立刻見分曉。

任樂官的夔，據說只有一隻腳，和東海流波山上的夔牛是同族。他做了堯的樂官以後，就仿傚山川溪谷的聲音，作了一支樂曲，叫作《大章》，人們聽了他這樂曲都自然心平氣和，減少許多無謂的爭端。

堯如此勤政愛民，但是當時也還有並不感謝他苦勞的怪人。據說有一個老漢，年紀已經八十多歲了，在大路上玩丟木塊的遊戲。這種遊戲叫作「擊壤」，就是把兩塊削成上尖下闊、形狀像鞋子的木塊，一塊放在地上，一塊握在手裡，站在三、四十步的地方，把手中木頭朝地上的木塊擲去，打中了就算贏。老漢正在那裡興致勃勃地玩這種遊戲，玩得很起勁，觀眾當中忽然有人感嘆地說：「眞偉大呀！我們國君堯的聖德竟廣及到這個老頭子的身上來了。」老漢聽了這話，很不以爲然，便向那人說：「我不懂你這話中的意思，每天早上太陽剛出來我就起身工作，到太陽落山我才休息，我自己鑿了井來喝水，自己耕田來吃飯，請問堯對我又有什麼恩德呢？」問得那人竟無話可說。

命羿捕殺六大怪獸

說到堯時的大災害，除了十日盡出所造成的大旱災外，還有一些怪禽猛獸的禍害。原來因爲旱災天氣炙熱之故，窫窳、封豨、鑿齒、九嬰、大風、修蛇等怪禽猛獸，都紛紛從火焰似的森林或沸湯般的江湖裡跑出來，逞著牠們暴烈的性情，在各個地方殘害人民，弄得本來已經生活不下去的人民，叫苦連天，更加感覺生活的困難了。於是堯趕忙委任射日成功的后羿爲民除害。后羿接奉堯的旨意，當即動身出發，捕獵危害人間世界的怪獸。

在黃河流經的平原兩岸，危害最大的怪獸乃是窫窳和封豨。這窫窳本是黃帝轄下的一方諸侯，不幸被家臣貳負和危聯手暗殺。黃帝憐憫他遭謀害而喪命，敦請當時的六大巫醫上崑崙山來聯手爲他診療，竟使他死而復生。不過，窫窳的一條命是撿回來了，魂魄卻仍留在陰曹地府，軀殼成了一條龍首虎爪、發出如嬰兒哭啼聲的食人怪獸。牠剛一醒來，便連滾帶爬地竄下山，一頭潛進弱水，消失無影蹤。羿不辭辛苦，深入窫窳棲息的巢穴之中，張弓一箭，就讓這個有命無魂的怪獸，在陰間與其心魂重聚。

人們又告訴羿，在華北的桑林，還有一頭獠牙如戟般直豎、鐵骨銅皮的大野豬封豨；封豨性喜橫衝直撞，搗毀莊稼、村落，凡人拿牠無可奈何。羿耐心守候，在封豨又出來作亂時奮勇與之搏鬥，幾番周旋，一箭射瞎牠的眼睛，將牠帶回，聽堯帝發落。

之後，羿渡過漢水，轉戰南方，在壽華之野捕殺鑿齒。這鑿齒乃是一人身獸面的奇獸，牠以突出嘴外的兩根長五六尺、形似鑿子的牙齒捕殺人畜。鑿齒也聽說了神箭手羿要前來獵殺牠的消息，牠特地準備了一面巨大盾牌相抗，但是羿的神箭，豈是凡間盾牌可以抵擋？沒多久，鑿齒便被羿一箭穿心，就此一命嗚呼。

羿的下一個目標是修蛇。修蛇又叫作巴蛇，是眞身長數十丈的大水蛇，牠盤踞在洞庭湖，掀波作浪，覆舟吃人。牠聽說神射手羿已經來到南方，就銷聲匿跡，躲藏在洞庭湖底。修蛇這樣做，是料想水底難施弓箭，羿的神射也就無從發揮。但這豈能難得住羿？他毅然捨弓持劍，躍入洞庭湖中，歷經千難萬苦，終於找到長蛇匿蹤之處。人蛇在水中展開了前所未有的惡戰！良久，后羿戰勝，風平浪靜之下，洞庭湖水已讓蛇血給染紅了一半。修蛇的遺骸後來浮出水面，蛇骨堆積湖畔，日久成了一座平緩丘陵，此地就是後來的巴陵。

羿又東征西討，四處捕殺惡獸。在青丘澤，他用青絲繩繫於箭尾，一箭射中如閃電般飛掠的大風。那大風是一隻人面巨鳥，力氣奇大常掀起狂風損毀房屋和樹木，更能騰飛九天，牠被羿射中，還打算帶傷逃生，奈何箭上繫繩，只能被羿拖回地面就擒。還有那危害西北凶水一帶屢釀澇災火災的怪獸九嬰，牠自恃有九頭九命，面對后羿，絲毫不懼。只見牠九口齊張，噴射出一道道毒焰濁流，水火交織，鋪天蓋地，要將羿困住毒死。羿曾經射落高踞空中的金烏，他深知九嬰有九條命，若不一擊得手，無法置牠死命，而且傷處還能很快痊癒，所以他九箭連出，快如閃電，幾乎在同一刻戳進九嬰的九顆頭中，九條惡命頓時同赴黃泉。

禪讓帝位給舜

所有的怪禽異獸都被滅除掉了，人民也可安居樂業，堯總算是鬆了一大口氣。於是他開始進行定節氣日曆的工作。

關於定曆，他令羲和總領此事，先以曆數之法，觀日月星辰之早晚，把一年的作息時間確定下來，頒布民間，命百姓奉行。又分別派羲仲、羲叔、和仲、和叔四人，到國境東南西北四個極點去測算太陽的方位，東邊看春分，西邊看秋分，南邊看夏至，北邊看冬至，做爲太陽方位的標準點；在東邊是「鳥星」，在西邊是「虛星」，在南邊是「火星」，在北邊是「昴星」，用這樣的方法，他把一年的四大節氣算得相當準確，並且知道了一個恆星是三百六十日弱，便用置閏的方法來加以調整。

堯的年紀漸漸老了，他自覺不宜再承擔繁重的政務，但他深知自己兒子丹朱的頑嚚，若把天下授予他，只能對丹朱一人有利而天下皆將受害，他不能因爲愛兒子之故而使天下的人民受害，於是決心徵求足以擔負天下重任的俊彥，把帝位讓給賢人來做。

他聽說陽城有位賢人名叫許由，便親自前去拜訪，向許由說明他禪讓天下的用意。可是許由是個清高的人，不願接受他的禪讓，連夜跑到箕山下面的穎水邊上居住。堯見他不願接受他的禪讓，遣人請他來做九州長，清高的許由聽了更是嫌厭，趕忙到穎水邊掬水來洗自己的耳朵。他的朋友巢父牽了一條小牛到這裡來正想給牛飲水，看見他洗耳朵，覺得奇怪，便問他爲什麼這樣做。

許由說：「堯想聘我去做九州長，我討厭這種惱人的言語，所以來洗我的耳朵。」巢父聽了他的話，鼻孔裡微微哼了一聲，說：「算了吧！老兄，假如你一向就居住在深山窮谷，存心不想要人知道的話，那麼誰又能找你麻煩呢？你故意在外面東逛西蕩，造成了名聲，現在又到這裡來洗耳朵，可不要把我小牛的嘴巴給弄髒了！」說著，逕自牽著牛到上游去喝水。據說至今箕山（在河南省登封縣）上還有許由的墓，山下還有牽牛墟，在穎水的旁邊有一個泉叫「犢泉」，石頭上還有小牛的足跡，這就是巢父從前牽牛飲水的地方。

四方百姓又推薦舜，堯就問道：「我也聽說有一位在野之民，非常賢能，不知他是如何賢能？」臣子四岳回答：「舜的父親是一個瞎子，生母早死，繼母兇狠潑辣，父親因看不見的關係更是冥頑不化，異母弟也是驕橫霸道，但舜一向逆來順受，總是委曲自己以求得全家和樂。」

堯聽了百姓對舜的讚揚，決心親身來試驗舜是否有接掌天下的本事。他將自己的女兒娥皇、女英同時嫁給了舜，藉此觀察舜能不能齊家，既能一如往常的孝順生父繼母，又可以和諧地與兩位妻子相處。舜毫無困難便通過了堯的第一道測驗：他對父母孝敬，對妻子也呵護有加。

如此過了三年，堯又讓舜來管理政務。舜把政事管理得井井有條，對百姓宣明教化，傳達父慈、子孝、兄友、弟恭等德行，百姓都能夠遵從，接待四方賓客時尤能服眾獲得崇敬。堯甚至故意引舜入深山密林之中，又招來暴風雷電，而舜鎮定自若，不曾迷失或害怕。

經過長期的考察和培養，堯確認舜眞正具備了帝王應有的一切素質，於是在一項祭禮——「禪地」當中，堯向天神保薦舜爲自己的繼承人，這就是後代傳頌的「禪讓政治」。堯這種功成不居，自動遜位，讓位於有道德能力的人，不以天下爲私有的胸懷，難怪後人要傳頌他的德行是「仁如天，知如神，就之如日，望之如雲，富而不驕，貴而不舒」、「巍巍乎唯天爲大，唯堯則之，蕩蕩乎民無能名焉」！

但是，分封在南方丹水的太子丹朱眼見繼位無望，便煽動苗民起來作亂。堯接到消息，痛心之餘，爲了不給舜的治理帶來麻煩，決定大義滅親而御駕親征。大軍在丹水與丹朱率領的苗兵遭遇，堯命全線出擊，大破叛兵，又乘勝追擊，將丹朱一直追趕到南海之濱。丹朱往前無路，後有追兵，知道父親不可能寬宥他的叛亂，便跳海自殺。他死後，魂魄化爲一種名叫鴸的鳥禽，生生世世發出「朱朱」的啼聲，像是被放逐者對自己行爲無盡的悔恨。據說鴸鳥出沒之地，便有爲官者會被放逐。

傳說堯在位九十八年，活至一百一十八歲才死。對於他的死，百姓們感到如同失去父母一般失去憑依，哀痛萬分，舉國服喪，三年不作鼓樂以表哀悼；由此可想見堯仁德愛民之行。

堯帝之子丹朱魂魄化為鴸鳥。

七、賢孝仁厚的帝舜

舜是黃帝的第七代子孫；據說有個瞎眼人名叫瞽叟，有天晚上忽然作了個奇怪的夢，夢見一隻鳳凰，嘴裡啣了米來餵他，並且告訴他：牠的名字叫「雞」，是來給他做孫子的。瞽叟醒來，覺得訝異，後來生了一個兒子，取名舜。舜的眼睛據說和一般人不同，一隻眼睛裡有兩個眼瞳，所以又叫他作「重華」。

舜生下來不久，他的母親就死了，瞽叟又另外娶了一位妻子，生了一個兒子，叫象。

舜，生長在嬀水（現山西省永濟縣南），除了一隻眼睛有兩個瞳仁之外，長得龍顏大口，皮膚很黑，身高六尺一寸。年輕的時候，鄉里就傳揚著他孝順父母的美名，事實上

舜帝，《二十四孝》中亦有描寫舜的孝順事蹟。

個性篤實的舜的確是個孝子。舜的父親瞽叟是個昏瞶的人，娶了後妻之後，就把前妻生的兒子舜視作眼中釘。偏偏後母與異母弟象也是心地狹小、粗野驕傲的人，全然沒有一點親情。舜常常受父母的毒打，但他還是篤謹待之，盡其孝道。

雖說這樣，可是心腸歹毒的後母，常常還想置舜於死地才稱心如意，做爲幫凶的又有瞽叟及象。舜在家裡實在待不下，只好一人單獨分居到外面去，在嬀水附近的歷山腳下，築茅屋墾荒地，孤單而愁苦地過著日子。

舜在歷山耕種，沒有多久，歷山的農人受了他的感化，都爭著讓起田界來；舜又到雷澤打魚，不久雷澤的漁夫也爭著讓起漁場來；舜又到河濱做陶器，沒有多久，河濱陶工做的陶器都又美觀又耐用了。舜無論走到什地方，都有許多人跟著他，以致「一年而所居成聚，二年成邑，三年成都」，他到哪裡，哪裡便立刻成爲一個城市。堯經過了「嫁女觀其德，試以五教百官，賓於四門，入山林川澤，暴風雷雨而不迷」的種種試鍊，才讓舜掌政治民。

舜做了天子之後，馬上專程回鄉拜見父親瞽叟，還是像從前一樣地恭敬孝順。盲眼父親到了此時才知道兒子的好，對於自己以前犯下的錯誤，也就眞心誠意地改過；不但如此，舜還把那桀驁難馴的弟弟象封到有鼻做諸侯。象受封後，被哥哥的仁愛寬大所感動，從此跟著改邪歸正。

舜做國君的幾十年中，也像堯一樣，做了很多有利百姓的事情：首先，他去巡視東南西北四方，會見各方部族的君長，並校定各部族的度量衡等測量單位，使之歸一，不會有大小、長短、輕重的不同；又使各族四時節氣、月之多寡、日之長短等完全協同一致。同時立下規矩，每五年天子要到四方巡狩一次，各部族君長必須守於邦土之上，以待天子；剩下的四年，四方的君長就須分批來京師覲見朝貢，又把整個領域分爲十二個區域，每一區域叫作一「州」，各設一「方伯」管轄之。

傳說舜在法律方面也頗有成就：頒布了很簡單可通行於全國的法律原則，並把觸犯這簡單法則的種種罪行與懲罰的方法，鑄在銅器上，讓人民知道而有所警惕；又規定把犯「墨」、「劓」、「剕」、「宮」、「大辟」五刑之罪的人，改以流放之法寬宥之；此外明令相當於現在社會秩序維護法的「官刑」、相當於感化刑法的「教刑」，以及用錢來贖的「贖刑」，並對有心爲惡、一犯再犯的罪者，定以最嚴厲的處罰「賊刑」。

在堯時有十六個「才子」，高陽氏即顓頊這一支子孫中有八個人賢德，被叫作「八愷」，高辛氏即帝嚳這支子孫也有八才子，稱作「八元」；這十六個才子都未能被帝堯所選拔，到了舜時，特地叫「八愷」擔任土地方面的事，讓「八元」管理教育方面的事，他們都非常稱職。另有四「不才子」，帝鴻氏中的渾敦，喜愛做凶惡事，與小人賊子爲伍；少昊氏的不才子窮奇，毀信敗行，惡忠直者，喜出惡言，誇大渲染之；顓顓氏的不才子檮杌，兇頑不聽教訓，不守詔令；縉雲氏的不才子饕餮，貪吃好財，這四不才子又被叫作「四凶」，都被舜流放到四邊荒野的地方。

舜的朝廷之中，名臣甚多，據書上所載共有二十二人，其中能列出名字的有禹、棄、契、皋陶、倕、益、伯夷、夔、龍、彭祖，其中有的在堯時已受舉用。到了舜，就令禹爲司空，是總管工程的官；棄做農官；契當司徒，管教育；益爲虞官，主管山林鳥獸；伯夷擔任秩宗，職務是典禮司儀；龍當納言，也就是傳令官。在這些名臣之中，最謙虛的便是大禹。

舜的一生，非常喜歡音樂，所以堯把兩個女兒嫁給他的時候，還特地賜給他一張琴。等他做了天子，又作《大韶》之樂，據說舜因爲演奏了《大韶》樂曲，百姓和合，鳳凰來儀，群獸起舞，景星耀於房，百瑞畢集，甚至崑崙山上的西王母也慕舜之德，獻上白環及白玦（皆玉器，爲受天命治天下之徵）。

舜的晚年，到南方各地巡視，中途死於蒼梧之野，噩耗傳來，群國的人民都像死了爹娘般地悲哀。他兩個曾經共患難的妻子，聽到這不幸的消息更是肝腸寸斷，兩位夫人日夜哀泣，她們的眼淚灑在吳楚之地的竹子上，自此以後，竹子上便永遠掛著她們的斑斑淚痕，所以以後南方便有了斑竹，又叫「湘妃竹」的竹類。後來她們殉情於湘水，成了湘水的神靈。

舜葬於九嶷山下，傳言在其墳塚附近常有許多大大小小的象護守著，陪伴其側。

八、治水英雄大禹

大舜治理天下的時候，洪水不但沒有消退的跡象，還愈演愈烈，這都是因爲繼任水神的共工之子（也叫共工）無意讓水患平息之故。洪水氾濫，危害至深，原來的良田美地都被淹沒在滔滔濁浪裡，老百姓或者隨波逐流、淪爲波臣，或是在樹梢築屋、或在山頂洞穴中避難，有如重回蠻荒時代。野禽猛獸同樣也無處棲身，於是和人們搶奪那僅堪遮風避雨的處所。老百姓們一方面受盡了水患的折磨，一方面還要擔心毒蛇猛獸和疫病的危害，眞是仰首望天，泣血淚乾！

偷息壤治洪水的鯀

彷佛是看透了人間大地的榮枯興滅，天界諸神對於這場規模空前的大洪水，竟然大多抱持著無動於衷的態度，只有鯀哀憐人們身受的痛楚。在神話傳說裡，鯀是黃帝後裔，號稱白馬神；在歷史上，鯀是堯時封建的諸侯（伯），封地在「崇」（今陝西鄠縣東），所以又叫他作「崇伯鯀」或「有崇伯鯀」。

傳說，鯀無法對人類悽慘的呼號坐視不顧，他知道天庭寶庫藏有一團會自行增生而用之不盡、取之不竭的泥土，名叫「息壤」，可以堵塞決堤的洪流，於是設法騙過職在守衛庫房的三頭神犬，竊走息壤，降臨大地爲人類治水。

鯀把息壤掰塊投入最受洪水肆虐的地方，息壤轉瞬之間化爲堅固的長堤，阻住了滾滾濁流。積水斷了源頭，逐漸乾涸，土地在潮濕中再次露出水面，在船筏、樹梢、洞穴避難的人們，膽怯地踏出試探的步伐，繼而歡快地在原野上奔跑，奔相走告洪水消退的喜訊。

可是，就在洪水快要平息的時候，天帝發現了息壤遭竊的事情，同時，共工也向祂密告鯀私自下凡治水的事情。憤怒的天帝，因爲鯀私竊神物之舉，氣憤塡膺的要將他處死。於是祂派遣祝融的後代、繼任的火神，駕著烈焰戰車，趕往羽山殺害了鯀，收回了息壤。長堤驟然消失，洪水重新湧入，風雨閃電，水火交迸，人民在淒風苦雨中哀哀哭泣，他們一度乾枯無淚的眼，重新淌出了淚水，這一次，不是爲多難的自己而流，而是悲泣鯀的冤死，蒼天的不公。

就這樣，白馬神鯀被天帝蠻橫殺死在羽山之麓，可是他身雖死，滿腔救民的壯志未酬，一縷心魂猶存，歷經三年風吹雨淋，屍體毫無腐壞，於是天帝以吳刀剖開了他的肚子，從他腹中生出了一條頭上長著角的小龍。鯀用他死後的三年孕育著這個新生命，這個在鯀的精神中誕生的新生命就是他的兒子——治水的大禹。

在中國後來的許多古籍中，鯀是被當作惡神而存在的。有的書說他「方命圮族」（剛愎自用），有的說他「播其淫心」或者「廢帝之德庸」，更有的書記載說他因爲堯帝讓位於舜，他不服而率眾造反。鯀被當作惡神而存在的事當是原始的古老神話流入歷史之後經過刪改而造成的，因爲正統的歷史要求「合理」，要求「以古聖先王爲中心」，於是爲了人類治水而盜息壤的鯀也自然地被醜化了。其實神話中爲治水而盜息壤的鯀就如同西方爲人類盜火的普羅米修斯，他們都是叛神的神，不管東方或西方的古代人，都是透過這些叛神之神表達他們征服自然的偉大意志。

傳說大禹出世後，鯀化爲玄魚（一說黃熊）潛入羽淵。《莊子・逍遙遊》中有「北冥有魚，其名爲鯤」的傳說，鯤與鯀音義相近，羽淵或羽山都是指冰封千里終年不見天日的北冥之地，北冥的鯤到了夏天就化爲大鵬鳥向南飛，由此可知莊子書中所出現的寓言也多半是源於古代的原始神話爲根據，而不是憑空想像臆造的。

禹治水救世

鯀的毀滅引出了禹的新生。禹出現在人世間，散發出耀眼的光芒，渾身充滿不可思議的能量，雄渾充沛，浩浩蕩蕩。連在天界端坐的天帝，也被他的這股沛然浩蕩之氣所震懾，一改從前的態度，主動命他治理天下的洪水，並派了曾參與涿鹿之戰的應龍去幫助他。

禹受了天帝的任命，於是帶了應龍等一群大大小小的龍，開始平治洪水的工作。群龍的任務是導引水路，應龍則導引主流，其餘的小龍導引支流。

接下來，禹學習先祖黃帝，也召來天界諸神，在會稽山宣示令旨，大家都到齊了，只有巨人防風氏遲到，禹責怪他不遵守號令，立斬不赦。經過一、兩千年，到了春秋的時候，吳王夫差攻打越國，包圍了越王句踐居住的會稽山，戰爭進行得很猛烈，連大山都摧毀了。從崩塌的山裡掘出一根骨頭，那骨頭之大，需用整台車才裝得下。去請教博學的孔子，孔子才把這段故事說出來，大家才知道那就是防風氏的骨頭。由此可想見大禹的權威和神力有多麼的大。

但禹召集群神的舉措卻讓冤魂不散的共工很不服氣，所以他立定決心，偏要出來和禹作對。他從西方掀騰起洪水，淹沒了中原一帶，一夕之間大地變作澤國。於是禹率

大禹治水，拯救天下蒼生。

領眾神向共工開戰，他運起神通，飛擲開山神斧，劈開群山，使滔滔洪水從山谷間奔湧而下。共工力怯失勢，連夜逃回北方封國。禹一路追蹤，在崑崙之北與共工手下的戰將相繇狹路相逢。

相繇的外形，是一條巨大碩長的巨蛇，有九個頭，中間生得人的面孔，也有眼耳口鼻舌等五官。這九顆頭顱，代表著九個兇殘暴虐的人性劣根，牠們或者同時張開血盆大口，或者依次吞噬。所經之地，吞食人獸草樹，原本草木豐茂的山陵大澤，頓成一片貧瘠的荒蕪之地；原來清澈的溪河，一經牠的吐食沾染，就成了毒水瘴癘之泉，人畜倘若沾唇，非病即傷。

禹高舉起手中的大斧，一次又一次，拚命地朝著相繇砍去。斧起頭落，九顆頭顱滾落地面，巨蛇的身驅噴出九道黑色的血箭，流淌在地上，匯聚成劇毒沼澤。「相繇作惡，至死不改！」禹氣憤地斥罵道。他用泥土想填平這毒沼，想不到接連填塞了三次，都無法將其毒氣遮蓋，禹乾脆將鑿開水道，引入清澈的江河泉源，讓此處成為湖泊，並且在不遠的高處，爲統治五方的帝王修建祭壇，以震懾相繇。

驅退共工、誅殺相繇以後，禹這才認眞開始工作。他比他的父親聰明：一方面用息壤來堙障河水，叫一隻大黑龜將息壤背在身上，跟隨在他的後面行走。這樣他就把極深的洪泉塡平了，把人類居住的土地加高了；那特別加高起來的，就成爲今天四方的名山；一方面他又疏導河川，叫應龍走在前面，利用牠尾巴的力量把河渠劃深，應龍尾巴指引的地方，禹開鑿的河道也就跟著牠走，一直流向汪洋大海，就成爲今天的大江大河。

一天，禹治水到黃河，正站在高崖上觀察水勢，忽然看見一個人面魚身的長人，從翻騰的水波裡跳躍出來。原來是河伯，他給了禹一塊大青石，又轉身跳進水波裡。禹把那塊石頭仔細看了一看，上面布滿著一些彎曲的紋路，聰明如禹一看全都明白了，原來是一幅治水的地圖。從此他治水既有應龍幫忙開路，又有河圖作全盤工程的參考，就更有信心和把握了。

又有一天，當禹鑿龍門的時候，來到一個黝黑的大巖洞，巖洞非常深邃，越走越黑暗，禹只得點起火把繼續前進，卻看見前面有一個東西閃閃發亮。後來那發光物把整個黑洞都照亮了，仔細一看，原來是一條大黑蛇，約有十丈長，頭上生角，嘴裡啣了一顆夜明珠，在前方替禹帶路。

禹丟棄火把，跟著大黑蛇走。走了好一會兒，到了一個開朗光明的地方，那兒有人臉蛇身的伏羲坐在堂上。伏羲從懷裡掏出一塊玉簡交給禹。這是一塊形狀像竹片的玉器，有一尺二寸長，可以用來度量天地。禹帶著它在身邊，後來果然平定了水土。

龍門山據說是一座大山，它和呂梁山的山脈連接著，位置在如今山西和陝西兩省交界的地方，剛好擋住黃河的去路，使黃河的水流到這裡便流不過去，只好倒回頭往上流，水神趁勢興波助浪，就造成洪水氾濫，把上游的孟門山都淹沒了。禹從積石山（在青海）疏導黃河到這裡，就用他的神力把龍門山開闢為二，使它分跨在黃河的東西兩岸，像兩扇門，讓河水從懸崖峭壁間奔流而下。它所以取名龍門，據說，江海的魚到一定的時間便都要集合在這山崖下，舉行跳高比賽，跳過去的便能成龍升天，跳不過的便只好回去當魚。又有說在龍門的附近有一條澗，叫鯉魚澗，澗裡最多的是鯉魚。這些鯉魚從洞穴裡跑出來三個月，就得逆流游到龍門的上游去，有本領渡過的就會變成龍，否則還是得轉回來。這就是成語「鯉躍龍門」的典故。

龍門下游幾百里的地方，是有名的三門峽，相傳也是禹開鑿的。禹把一座擋住河道的山破成幾段，使河水分流，圍繞著山經過，好像三道門，所以叫作「三門」。「三門」各有名字：「鬼門」、「神門」、「人門」。在三門峽，至今還有著大禹治水的遺跡；附近有七口石井，據說是大禹鑿三門峽時挖的水井，所以三門峽又叫「七井三門」；鬼門島的崖頂有兩個圓坑，據說是禹開砥柱，躍馬過三門時馬的前蹄在這裡打滑踩下的足印。

禹治理洪水，曾經三次到桐柏山（在河南省桐柏縣西南），可是那地方總是刮大風、打大雷，石頭嚎叫，樹木哀號，使治水的工程簡直無法開展。禹知道是妖物作怪，發了怒，便召集天下群神來叫他們想辦法除妖，有一些神心存敷衍，禹便把他們拘囚起來，其餘的這才通力合作，在淮水和渦水之間擒獲一個水怪叫無支祁的。這怪獸善於應對言語，形狀像猿猴，額頭高，鼻梁低，白腦袋，青身子，牙齒雪亮，眼睛閃耀出金光，力量大過九隻象，頸子伸出來有百尺長，但牠的身軀卻伶俐輕便，雖然被擒獲了，還是活潑蹦跳，沒有一刻安靜。禹拿牠沒辦法，便叫天神童律去制伏牠，童律制伏不住，又叫烏木由去，烏木由也還是不行，最後才給庚辰制伏住。庚辰制伏牠的時候，各種山精水怪聚集起來奔走嚎叫的有好幾千。庚辰只好拿一把大戟對牠砍去，怪物受傷，這才降伏。於是用大鐵索鎖在牠的頸脖上，又在鼻孔裡穿上一只金鈴，鎮壓牠在如今江蘇省淮陰縣的龜山足下，禹的治水工作這才順利地進行下去，淮水從此才能夠平安地流入海中。

禹治水到了巫山三峽，在導引水路的一群龍中，有一條龍錯行了水路，在那裡錯誤地施工，開鑿出一條峽谷。結果後來發現這道峽谷完全是不必要的，禹很生氣，就把這條蠢龍在一座山崖上斬殺了，用來儆戒其他做事漫不經心的龍。直到現在巫山縣還有「錯開峽」、「斬龍台」這樣的古跡。

治理洪水是一件破天荒的大事，人民和各方的天神都來幫助禹，其中伯益的功勞最大。他是天神玄鳥的後代，助禹治水有功，被授與司徒官，管理文教大業，百姓都被教化得個個循規蹈矩，彬彬有禮。他又懂得各種鳥獸的情性和語言，治水成功後，他便去幫舜馴服鳥獸，許多野禽野獸都被他收服。舜就把姚姓（舜的宗族）的一個姑娘嫁給他，賜他姓嬴，據說，他後來就成了秦國王族的祖先。

還有一匹名叫「飛菟」的神馬，一天當中能夠馳行三萬里，受了禹德行的感召，自動來到禹的身邊，做了他的坐騎。又據說有一頭會說話的走獸，名叫「𧿥蹄」，原是后土的愛馬，也來做了禹的坐騎。後來飛菟𧿥蹄就成了一般駿馬的通稱。兩匹神馬，不召自來，也代表了皇天后土對禹的慰問。

禹繼任帝位

禹降伏了各路河妖洪魔後，按照山川形勢，運用堵塞與疏導的方法，領導人民抵禦洪水，重建家園。爲了徹底解決洪澇威脅，禹親自端土筐，揮鋤頭，開掘了三百條大河、三千條支流和不計其數的小溝渠。如此戒愼恐懼，歷經十三年，終於大功告成。

這十三年間，人們是這麼傳說著：禹沒有回過一次家，甚至曾有三次經過自己的家門前，都沒有進去探視親人；而且常常一頓飯都不能好好吃完，總是會吃到一半想到事情，趕快去辦。再加上長年的潮濕和太陽的燻蒸，皮膚早已變得枯黑，手腳滿是厚厚的繭，連走路都一跛一跛。可是天下黎民百姓感謝他，都說：「要是沒有禹，我們這些人恐怕早已變成魚蝦了！」

洪水既平，禹便開始測量大地的面積。他命令手下太章、豎亥一個從東極一步步量到西極，一個從南極一步步量到北極，量得長度都是五億十萬九千八百步。於是他將當時所有的領域劃分爲九州，對於各州的土壤與物產都加以詳細調查，仔細地記載下土壤的性質、田地物產的種類、納貢的多寡。他又規定，從天子國都起，五百里內爲「甸服」，在甸服以內的人民對於天子要貢納農產實物；甸服之外五百里以內爲「侯服」，在這之內的人們，須接受天子命令，擔任王事；侯服之外五百里內地域爲「綏服」，在綏服以內的地方，只求其平靜；綏服以外五百里爲「要服」，只求其尊重王化，國都兩千里以外之地都是「荒服」，這便是王化所未能及的區域。

禹的功績這麼盛，四民對他無不愛戴，舜因此也向天帝保薦，以禹爲他的繼承人，禹卻謙辭不敢擔當。等到舜死後，各部落氏族的君長，都去朝拜大禹，不去朝拜舜的兒子商均，禹這才做了中原的天子。

禹做了天子之後，便收集了九州州牧貢獻的銅鐵金屬，於黃帝曾經鑄鼎的荊山腳下，鑄造了九個極大的寶鼎。鼎上刻著九州萬國毒惡生物和鬼神精怪的圖像，使人民一見到這鼎上的圖像就知道預先防備，將來出遠門旅行，走到山林水澤，就是遇到木妖石怪、邪神厲鬼，也不至於遭殃受害。這九個寶鼎陳列在宮殿門外，任人參觀，成了對人們極有用的圖畫旅行指南。半生的精神都消耗在跋山涉水勞碌奔波的禹，見過無數的妖魔鬼怪，他深切地知道旅行的艱難。基於愛念百姓，才想出這麼一個辦法，教導人們辨認奸邪，可是寶鼎傳下去，從夏代傳到殷代，殷代又傳到周代，它用來指南的實際效用卻消逝了；它被歷代帝王珍藏在廟堂裡，漸漸變成傳國寶貝，也就是裝點門面的虛假東西了。

對於這九個寶鼎，野心家們一直很感興趣。春秋時候楚莊王帶兵攻打陸渾戎，到了周天子的成都雒邑，周定王派了一個使臣王孫滿去慰問楚莊王，筵宴酬酢之間，楚莊王就向王孫滿打聽九鼎的大小輕重，善於言辭的王孫滿諷刺地說：「在德不在鼎。」

結果使野心勃勃的楚莊王悻悻然地回國。直到戰國末年秦昭襄王攻東周，才把楚莊王從前想望而不可得的九個寶鼎擄掠回秦國。可是正由很多人細心扛著的九鼎，其中一只騰飛起來，一飛飛到東方的泗水（今山東省和江蘇省），噗通一聲落在泗水再也不肯出來。從此九鼎只剩八鼎。後來昭襄王的曾孫秦始皇吞併六國，當了始皇帝，到東海找神仙沒找到，回程經過彭城，想起沉沒在泗水裡的寶鼎，於心不甘，派了上千人下去打撈。據說寶鼎被繩子曳出水面時，鼎內突然鑽出一條神龍，伸頸將繩子咬斷，鼎復又沉入水裡。後來連同其餘的八鼎也都下落不明。

禹在位的時候，還替百姓做了許多有益的事。後來他到南方去巡視，走到會稽，生病去世，群臣就把他埋葬在這裡。有人說禹並沒有死，留下的只是他的屍骸，他的魂魄飛升上天成爲神。不管怎樣，後世會稽山還可以看到一個大孔穴，稱爲「禹穴」，民間相傳，說是禹進入了這個孔穴。又說禹陵墓所在地，常有鳥雀來幫他耘草，春天把草根拔掉，秋天啄去污穢的東西。更有神奇的傳說：這些在禹陵墓附近耘草的鳥雀，如操兵似的「大小有差，進退有行，一盛一衰，往來有常」。

九、創建中國第一個朝代的啓

禹繼帝位後，原想效法堯舜，將帝位讓給賢臣皋陶，不幸皋陶較禹早逝，禹又想禪讓予伯益，可是等到他死後，眾人皆因尊禹而擁其子啓爲共主；這時候整個中原地區，在共主的領導下，對內典文教，對外施武功，已漸漸有了王朝的聲望與形式，等到啓又傳位給其子，這時中國才建立了夏王朝。

啓破石而生

禹全心全意治水，根本忘了自身的婚姻大事，幸而有一天他做夢預示見到一隻九尾白狐，就跟著牠走，此九尾狐帶領他到一女子面前，把這個女子娶爲妻將可後福無窮。果然有一天禹在柳樹下休息時，走來一隻九尾狐領著他往塗山（今浙江紹興縣西北）

啓像。原為禪讓帝位的制度，直到百姓尊禹而擁其子啓為共主而結束了。

走，山內有一個秀麗女子名叫女嬌，禹和女嬌相見之下，郎有情，妹有意，很快就海誓山盟，訂下終身之約。可是此時禹正四處奔波，忙碌於治水大業，救災如作戰，不容有須臾的耽擱，所以禹和女嬌雖然情投意合，亦只待了一晚，翌日就作別，策馬往前線馳去。女嬌乍逢初戀的喜悅，又馬上面臨長期的離別，心情的空落無以言喻。每天清晨，女嬌都命貼身女婢到塗山南麓眺望，苦盼著伊人的身影。遲遲不返，禹毫無回訊，女嬌鬱悶愁沮，就作曲數闋，發抒相思之情和心中的無奈與感傷。據說，《詩經》裡南方的詩歌、還有後來的楚辭，都是這些歌曲的衍伸。

左等右等，一天又一天，翹首盼望的女嬌等來了禹的歸返。這對情侶便在台桑舉行簡單的婚禮，訂下了終身之約。可是，新婚燕爾，才過了四天，洪汛的快報就送到了禹的手上，禹深知身負黎民福祉，千斤重擔在肩，只能放下嬌妻，毅然奔赴災區。女嬌想伴隨夫婿同赴治水，但是禹覺得，女嬌金尊玉貴，要過著成天風吹日曬、與泥巴石塊為伍的生活，實在太委曲她了，所以差人將她送到禹的故鄉封國安邑。擔心女嬌相思成疾，或是犯了思鄉病，禹又囑咐家臣在城南築了一座高台，以便讓她在天氣晴朗、風波不興的日子登台遠望，眺望南方的家鄉。

不過，對於女嬌來說，遠離故鄉與丈夫不在身旁，她難以同時承受。在還沒有紙張的時代，她每天以精心撰寫的字句作成書簡，細細把對丈夫的思念寫下來，託給天空高飛的雁，寄給水中潛遊的魚，讓牠們送到禹的手上。無論風大雨大，不管爛泥濁流，她都希望和深愛的丈夫長相廝守在一起，並肩面對滾滾洪流。她雖沒有扛鼎之力，卻能爲丈夫擦去額頭泥汗。畢竟，天下沒有永遠的「遠距離夫妻」，不是嗎？

女嬌的深情打動了禹。禹對妻子願與同甘共苦的請求很是感動，於是答應了女嬌，讓她到治水前線相伴。兩人鶼鰈情深，女嬌願每日爲奔波治水的丈夫送飯，禹也欣然答應，只不過他告訴妻子，每次送飯來時，都要等到設在工地前的鼓聲敲響後，才可以進來。女嬌雖然不解其故，但還是答應遵守，幾個月下來沒有出現問題。

這段時間，兩人感情進展快速，女嬌懷了禹的孩子，雖然小腹日隆，但是還堅持每天親自爲禹送上精心準備的「愛妻便當」。

禹的治水工程來到偃師，此處山高路險，排洩洪流的河渠開鑿困難，更兼有著一座怪石嶙峋的轘轅山橫在面前擋住去路。他督率眾人日夜勞作，但始終進展遲緩，禹的眉頭糾結，時常沉吟苦思。

女嬌看在眼底，不知如何使丈夫寬心，決定給他一個驚喜，她悄悄地來到禹施作工程的山坳，禹平日也不讓下屬趨近，臣屬們見是禹的妻子，又吩咐不需敲鼓、不必通報，也就不加攔阻。就這樣，女嬌懷著身孕，拎著飯盒，心中滿溢柔情，走進了山坳裡。

誰知，山坳裡哪有良人蹤影？只見一頭異常巨大、通身鬃毛的熊，正以巨掌開山裂石，挖深渠溝！

女嬌見此情狀，驚詫落淚，轉身便跑，心中的傷感難過一下子全爆發出來！她傷心除了丈夫把治水擺第一疏待新婚妻子外，更難以接受原來丈夫是頭巨熊！

變身成巨熊施作的禹，聽見嬌妻那一聲驚喊，發生什麼事情，已是了然於心。他在後頭疾追，急著想要解釋：女嬌吾妻，我並非不看重你，但是天下蒼生，兒女私情，我必須要有所取捨！

女嬌帶著身孕，傷心失望，心碎狂奔，跑著跑著，淚凍成冰，人化爲石，其中再也沒有熱情奔騰。

禹在後頭緊追，一路看到熱淚化爲冰珠，心知不妙，果然見到面前的愛妻已化作石像，他傷心與憤怒俱全，用力搖撼著石像，大聲嘶吼：「如果妳對我心冷，至少把我們的孩子還給我！」石像聞言，起了顫動，不久，竟裂開一道縫隙，裡面滑出一個嚎啕啼哭的男嬰，那就是啓。他的名字，就是「裂開」之意。

少康復國

啓繼爲天子，全憑父親的庇蔭，並沒有什麼顯赫的功績傳述後代，但傳說他的儀容非常俊偉，耳朵上掛著兩條青蛇，駕著兩條龍，三層雲簇擁著；他的左手拿了一把羽傘，右手握著一個玉環，還有一塊玉橫佩在身上。

啓沉迷歌舞享樂，與崇尚檢樸的父親截然不同。他曾經三次乘飛龍上天，做了天帝的賓客，受到天帝熱忱的款待。他對於天宴中的《九辯》和《九歌》這兩首天樂特別欣賞，要求天帝賜予他帶到人間做爲人間樂曲的藍本。天帝滿口答應，啓異常興奮地把樂曲抄下來，回到人間，又依此天樂改寫成《九韶》，然後命樂師們在高一萬六千尺的大穆之野舉行首次的演奏，結果大受歡迎，備受讚揚；啓意猶未盡，又根據《九韶》，寫成歌舞劇的形式，吩咐歌舞童女手裡拿著牛尾巴，在大運山北方的大樂之野表演起來；他本人則乘龍駕霧，張傘握環，意態閒雅地立在一旁看著自己的新創作《九代》，在雲煙山樹的邈邈之中一幕幕展

啓儀容俊偉，駕著龍拉著車，手拿一把羽傘。

開，有時候還會合著節拍翩翩起舞！

據說啓有一個臣子名叫孟涂，也是個很神奇的人物。他被派到巴（今川東一帶）這地方做官的時候，老百姓到他那裡打官司，他總是閉著眼睛，聽原告與被告臉紅脖子粗的爭論，等雙方吵完了，才睜開眼睛，說也奇怪，這時眞正犯罪的那個人的衣服上會顯出斑斑的血跡，孟涂就叫人把這人捕捉下獄，定下他的罪名。後來孟涂死了人民就把他埋葬在巫山上，以後還在巫山下建了一座孟涂祠，以紀念他斷案明智的功德。

啓死後，傳位給兒子太康。太康性喜田獵，不恤民事，有窮氏的君長后羿不服，起兵把他逐出中原，自己霸佔王位。后羿是有名的神射手，曾經爲黎民百姓射日除害，但如今他卻憑仗著自己的神技，不修德愛民，又信任一位諂佞之臣寒浞。寒浞覬覦后羿的王位，遂暗中煽動家丁們起來反叛主人，並在一次遊獵中設下圈套。英雄后羿就這麼平靜無聲地死在陰謀者的陷阱裡。他一生雖然連遭不幸，又死得冤枉，可是人民卻紀念著他的功德，奉他爲「宗布神」。宗布，又作宗酺，原是古代的兩種祭禮，「宗」祭的是水災和旱災的神靈，「酺」祭的是替人或牲畜帶來災害的神靈，兩種祭禮都是禳除災害的祭禮，羿生前爲民除害，所以人們在舉行宗、酺兩種祭禮時，附帶也把后羿視爲祭祀的對象，後來他就做了家家戶戶堂屋裡所供奉那位誅邪除怪的宗布神了。

寒浞暗殺后羿之後，就自己做起帝王，又強佔羿的妻子，並且和這位夫人生了兩個兒子，一個名叫澆，一個名叫殪。寒浞為了怕夏的後代及宗室起而復興，時常派兵去攻打征伐，但此時寒浞已耽於逸樂，兵力漸衰；直到其子澆長大了，才在澆的帶領下勉強地滅了夏朝宗室中的斟鄩氏與斟灌氏。太康失國後，他的後代遷徙於洛水之北，仍領有部族。太康死，由弟仲康繼位，仲康又傳給自己的兒子相。這時寒浞子澆又來侵犯，把相殺死。相的妻子緡，正懷孕當中，匆忙中被臣子護駕著由宮牆狗洞逃出來，不久便產下一子，取名少康。

少康長大後，英武賢明，做了有虞氏的牧政，擁有田地十里，人民五百人，一心謀求恢復國土。同時夏的遺臣靡以有鬲氏的兵力和土地為根據地，招聚斟鄩氏與斟灌氏的遺族，也在徐謀大舉起兵復仇，滅了寒浞父子，恢復了舊有的地位，再造夏朝。

十、建立商朝的成湯

公元前十八世紀左右，原居於黃河下游的商族領袖湯滅了夏，建立商朝。商朝最初建都亳，由湯到第六代的仲丁時已有巨大的都城，經八次遷徙，公元前一千三百年左右終定都殷，後二百餘年為鼎盛期。

尋歡作樂的夏桀王

自啓開了家天下之後，夏代的王位傳了十多代，傳到一個叫孔甲的帝王手裡。孔甲不理朝政，喜歡養龍，吃喝打獵，夏王朝的德望和聲威就一天天地衰落了。孔甲死後，他的兒子履癸，繼承王位做了國君，就是歷史上有名的夏桀王。

夏桀王，身體魁梧，相貌堂堂，力氣極大，能夠把堅硬的鹿角一手折斷，把彎曲的鐵鉤輕輕扳伸，還能潛到水裡殺蛟龍，赤手空拳和豺狼虎豹搏鬥。但在他英雄豪傑的形貌之下，卻隱藏著一顆腐朽的心。

據說他爲了享樂，曾經不管老百姓的死活，拿人民的脂膏血汗修造了一座華麗的宮殿，叫作瑤台。在這座宮殿裡，聚集了天下的珍寶和美女。夏桀每天就和一些後宮美女、遊手好閒的狎客在瑤台的酒池肉林裡淫蕩玩樂。有些人喝醉酒，一頭栽進酒池裡淹死了，他和他的寵妃妹喜見了也不過哈哈大笑，絲毫不以爲意。

夏桀的宮苑除了著名的瑤台，還有很多行宮別苑。據說有一座長夜宮，建築在

酒池肉林、暴虐無道的夏桀。

一座幽密的山谷裡，夏桀和一些無恥的貴族男女，常在這裡通宵歡聚，有時竟接連好幾個月，都不出來上朝聽政。如此荒淫的舉措，連天上神祇都感到憤怒，據說一天晚上，忽然狂風大作，不到一刻鐘，無情的塵沙就把宮殿和山谷都埋葬起來，長夜宮從此消失無蹤。

儘管如此，夏桀還是不知悔悟，仍舊任性胡爲。他的寵妃妹喜愛聽撕破絲帛的聲音，他就叫人把府庫裡的精美絲絹都拿出來，一疋一疋撕給她聽，來討她歡心。傳說夏桀後宮中有一個宮女，每到了夜裡就會變成一條龍，張牙舞爪，不能近身。大家都非常害怕，可是夏桀全不介意，反而對她非常寵愛。這怪女人每天要拿人來當糧食，夏桀居然也如數供應；還將這女子取名叫「蛟妾」，據說她能告訴他的吉凶禍福。

桀原本有個賢臣，叫伊尹。當桀正在瑤台裡聚眾狂歡的時候，伊尹常常直言諫諍，卻無功而返。眼見昏王執迷不悟，伊尹知道夏王朝大勢已去，江山難保，便連夜帶著一家老小，投奔湯王去了。

賢相伊尹

湯之得天下，與伊尹之助有很大的關係。伊尹短小精悍，黑黑的皮膚，下頷豐滿，前額光銳，聲音渾厚低沉。關於他的出生有這樣一段傳奇故事。

據說東方有個小國，叫有莘國，有一天，一個姑娘到桑林裡採桑，忽然聽見嬰兒的哭聲，尋聲找去，發現一株桑樹裡有一個嬰孩。姑娘覺得很奇怪，就把娃娃抱起來，獻給本國的國王。國王叫廚子把嬰兒帶回去撫養，一面派人訪察孩子的來歷。不久出去訪察的人來報，說孩子的母親原住在伊水邊，身懷有孕，一天晚上，夢見神人告訴她說：「舂米臼出了水就向東邊走，千萬不要回頭看。」

第二天，舂米臼果然冒出了水，她趕緊把天神向她說的話告訴鄰居們，一面照著天神的吩咐向著東邊走。鄰居們不相信她的話，仍然待在家裡不離開，她向東走了十里後，惦記著家園和鄉親，忍不住回頭一看——只見她的家園已浸沒在一片白茫茫的大水裡，洪濤正追在她的身後，惡狠狠地向她撲來。她嚇得舉起雙手，正想吶喊呼救時，她的身體已變作一株空心桑樹，站在大水的中央，抵拒激流，洪水在她眼前退去了。過了些日子，採桑姑娘就發現這株桑樹裡的小孩。因爲孩子的母親原住在伊水岸邊，後來這孩子又做了「尹」的官，所以人們喚他伊尹。

伊尹在廚子的撫養下，漸漸長大成人，雖賢明卻一直未得重用，不久便去投奔夏桀。但夏桀

伊尹是輔佐商湯的著名良相。

荒淫無道，人民怨聲載道，東方的殷國正一天天興旺起來，人心都嚮往著賢名昭著的湯王，於是伊尹毅然離開夏桀，回到有莘國，後來被湯王重用爲相。

伊尹活了一百多歲才死，據說他死時，天降大霧，濃密久久不散，連著三天三夜，才漸漸消失。

商湯伐桀

商代的開國君王——成湯的出生，也是由於他母親見到白氣貫月的奇景而懷孕生湯。湯身高九尺，前庭飽滿，雙頰紅潤，臉色白皙，臉形上尖下廣，頭髮濃密，臉頰的兩旁長著秀美的鬚髯，實在是儀表堂堂，氣宇非凡。

湯自小聰穎，及長德盛，等自己做了部族的首領，凡見附近的部落有不仁不義的，湯都去征討，誅惡君、解民苦，極受民眾歡迎，大家都期待他軍隊的早日到來，有些地方的民眾甚至還埋怨道：「湯王爲什麼要把我們置於最後征討，害我們到最後才能脫離苦海？」

湯王的心地也很仁慈。有一次他在征討途中，看到一個人正在那裡四面張網，網羅天上的飛鳥，口裡還唸唸有詞地祝禱道：「從天下落下來的，從地裡鑽出來的，從四面八方來的，都掉進我的網裡！」湯聽了笑道：「不行呀！這麼一來飛鳥都會被你網光了，除了夏桀誰會做這麼缺德的事？」就教那人把張好的網解去三面，只留一面，同時教他把祝禱詞改爲：「先前蜘蛛結網，如今人們學牠模樣。自由的鳥兒啊，想朝左就朝左，想朝右就朝右，想高飛就高飛，想低翔就低翔，可就自己別找死，偏偏來碰我的網！」意思是說貴爲萬物之靈的人類做網打結，不能像蜘蛛類一樣一網打盡，應當只捕捉那些違命犯網者。四方之民風聞此事，都讚頌這種德及禽獸的舉動，認爲湯對待禽獸尚且如此，於人將更甚於此，紛紛來歸順，一下子就有三十六國之多！

一天，湯夢見有一人拿著鼎、抱著俎，直衝著湯微笑頷首，猛然自夢中醒過來，即刻令人占卜解夢意。卜說：「鼎爲和味，俎者割截，天下豈有人爲吾宰者哉？」這時爲湯王四出求賢的使臣剛好回報說，黃帝大臣力牧的後人伊尹賢德，湯王大喜，忙遣人帶著幣帛去禮聘。但是有莘君不肯割愛，湯只好親自請求，並娶有莘君的女兒爲妃，伊尹這才負鼎抱俎前來，成爲殷國的宰相，幫助湯王爭取天下。

可是夏桀一點也沒有察覺到潛伏在他身邊的危機，還是照樣昏天暗地的玩耍作樂，任情胡爲。他甚至把宮苑裡養的老虎縱放入市集，看人們驚駭狂奔，以爲娛樂。臣下如果有敢予以諫言的，他馬上把他們定罪問斬。據說當時天下鬼哭神嚎，五星錯行，連伊水和洛水也都枯竭了。湯王眼見夏桀的無道，心裡難過，就去哭弔這些無辜的受禍者。沒想到夏桀反將湯囚於夏台的地下水牢，所幸殷國帶來大量的財寶，才將湯贖回。

湯王被釋後，即起兵伐桀。殷軍一路所向無敵，但卻一直無法攻進京城，戰情膠著多日後，有一個大神，來告訴湯王說：「天帝命我來幫助你作戰，如今夏王朝氣數已盡，你只要看見城裡的西北角上大火燃燒起來，就趕緊帶領軍隊攻城！」說完，轉瞬不見。湯王回想那神的形貌，彷彿是人首獸身，有些像火神祝融。正在疑惑不定，忽然有人進來報說：「夏城西北角上突然起大火！」於是湯王下令攻城，不久，這座平時看來固若金湯的城池，就讓湯王攻破了。

夏桀慌忙帶著妹喜逃出城，湯王緊追在後，兩兵遇於鳴條之野，夏桀的軍隊還不用等待交鋒就崩潰了。夏桀只好檢點殘兵，駕船順流南下，這樣一直浮海奔於南巢之山而死。

湯即天子位不久，天久不雨，大旱七年，溪河乾竭，海枯石爛，人民都叫苦連天。湯自問政治修明無愧於民，而且讒佞消逝，邪惡不生，人人不畏夜行，因此對這種久旱不雨的現象感到非常奇怪，就命人帶著三足鼎，拜祭山川，卜卦祈雨。結

商湯像，「網開一面」的成語典故出自於仁慈的商湯。

果在龜卜上得知要祭上一人，然後才會降雨。湯王說：「求雨是爲了人民，假如定要拿百姓來做犧牲，那就讓我來吧。」於是沐浴齋戒，剃髮剪指，以自己爲牲禮，在桑林之社舉行祭禮。

這種寧願以一人之身來抵萬民之罪，不願以一人之罪禍及百姓的仁胸慈懷，果然使天下大雨數日，雨水遍布數千里，解除了苦旱。

十一、周朝諸王

周族原活動於中國的陝西、甘肅一帶，公元前十一世紀周武王聯合各個部落於牧野大敗商軍，建立王朝。原爲農夫的周武王營建成都（今洛陽），即位後翌年病逝，其後在周公協助下雒邑漸成政治中心，與鎬京（今西安）之以宗教爲中心的宗周，形成以封建及宗法爲體制，維持文明的推進。

周代的政體是在血緣的基礎上建立一套嚴謹的宗法、分封、等級、世襲以及禮法與權利義務制度，進而建立典章制度與禮儀規範。

周公制禮作樂，捨棄神權，提升人文價值，重理性修養，社會逐漸追求合理眞實，質樸簡約，故成就史家稱頌的「九百年盛事」。

殷朝的暴君紂

夏王朝的末年，出了個昏王桀；殷王朝的末年，又出了個昏王紂。

紂的相貌一表堂堂，勇武絕倫，有過人的聰明，雄辯滔滔，口若懸河，任誰都辯他不贏。他的口才剛好用來拒絕諫言，他的學問則幫助他掩飾自己的過錯。而他所處的地位又是這麼尊貴，因此他驕傲絕頂，目中無人，還給自己取了個封號，叫作「天王」。

這「天王」為了生活享受，眞是窮奢極欲。他使用成千上萬的奴隸，花了七年的工夫，在他的京城朝歌裡修造了一座鹿台。這鹿台大有三里，高有千尺，其中樓觀亭閣，重疊無數。登上鹿台縱目一望，雲雨好像都在它的下面。後來更造後宮瓊室，開闢園苑，廣置台榭，規模都很大。紂每天與寵妃妲己在宮苑裡尋歡作樂，以酒為池，叫男女赤裸著身子在肉山脯林裡互相追逐嬉戲。

為了怕人們說他的壞話，紂特地設計了殘酷的「炮烙」。這種刑罰是把一些銅柱塗上油，橫放在通紅的炭火上，叫犯罪之人光著腳在上面行走，那銅柱又燙又滑，走不了幾步，總是會不由自主地墜落下來，掉在炭火裡燒死。紂和他的寵妃見了，常常大笑，引以為樂。

紂的天性殘酷暴虐，僅為了一時的不高興，他就可以任意殺人。

據說有一次，紂王的廚子替他烹調熊掌，火候沒有十分到家，他在一怒之下把廚子殺了。又據說有一天早晨，紂站在鹿台上閒眺，偶然看見朝歌城外淇水邊，有一個老人赤裸著雙足，將要渡河過去，卻又在那裡猶豫徘徊。紂問左右是什麼緣故，侍從們答說：「老人家的筋骨比較鬆軟，早晨怕冷，所以表現出這般模樣。」

紂好奇心大起，立刻命侍從將老人捉來，不由分說，馬上就將老人的雙腳砍下，看他足脛裡的骨髓究竟是不是鬆軟。

他的同宗兄弟，殷王比干，是一個忠耿正直的人，看見他這麼淫虐無道，時常規勸。紂被勸得不耐煩，就向比干說：「我聽人說聖賢的心有七個孔竅，我倒要看看是不是眞有七個孔竅！」馬上叫人把比干推出去，挖了他的心，來檢驗是眞是假。

當時西伯昌（即周文王）聽說昏王無道，暗中嘆息了幾聲，不料卻被一個奸臣叫崇侯虎的聽到，就去向紂王告狀。紂一聽崇侯虎的饞言，果然派人去把西伯抓了來，囚禁在地下監獄牖里。

那時文王的大兒子伯邑考正在殷王朝做人質，人質就是拿人來作抵押，以取信任之意。古時候做天子的怕諸侯造反，總是把諸侯的兒子索來當人質，以防萬一。伯邑考就在這種情況下被安置在紂的身邊做人質，可是殘暴的紂不僅囚禁了文王，還把他的兒子丟進鍋裡活活烹死，然後叫人把肉湯送給文王喝。

文王忍辱喝下了湯，換得看管的放鬆；加以他的臣子太顚、閎夭、散宜生、南宮括，號稱「文王四友」的極力援救，終於在獻上無數的美女寶物後，被釋放出來。

海濱垂釣的姜太公

周文王自從在牖里被釋放回來，想起兒子的慘死和昏王紂的暴虐無道，憂心天下百姓都遭殷王殘害，就連吃飯、睡覺都不安心。他決心把他的國家治理好，把諸侯們暗中聯合起來，以便時機一到，爲百姓除害，爲兒子復仇，同時也達到自己遠大的理想抱負。

他的臣僚中雖然有像「文王四友」這樣的賢人，可是還缺少一個懂謀略的大賢任他的輔佐，因此他時常四處尋訪這樣一位輔臣。一次，他在睡夢中見天帝穿了黑袍站在令狐津的渡頭，身旁還跟著一個鬚眉皓白的老人，天帝呼喚著他的名字說：「昌，賜給你一個好老師和好幫手，他的名字叫望。」

文王趕緊倒身下拜，那個老人也一同倒身下拜，夢就在瞬間驚醒了。醒後腦海裡一直有個聲音告訴他，有一位賢者就住在他的國裡，但卻不知道他究竟姓甚名誰？住在哪裡？因此他常常帶著隨從出去打獵，希望能夠在漫遊中，僥倖遇到他日夜渴想的大賢。

一日，文王在獵遊前，照例叫太史編替他卜卦，結果卦上說：「到渭水邊上去打獵，將會有很大的收穫，既不是螭也不是龍，不是老虎不是熊。你將得到個賢良公侯，乃上天賜你的賢臣。」

文王聽完後滿心歡喜，便遵照指示，帶領著大隊人馬，放鷹逐犬，一直打獵到渭水的蟠溪。在蓊鬱的林木深處，在碧綠的一池水潭旁，只見一個鬍鬚銀亮的老者坐在巨石上，手裡拿著一根釣竿，正在釣魚。老人似乎旁若無人，毫不理會文王，只是專注地釣著魚，可他的釣線上卻無鉤餌。老人口中唸道：「魚兒，魚兒，願者上鉤。」

文王知道老人就是自己要尋訪的那個識見超卓、學問淵博的大賢，就誠懇地向他說道：「老先生，我那去世的父親太公從前常向我說道：『不久準會有聖人到我們這裡來，我們周民族將因而興盛發達。』您可眞就是這樣一個聖人嗎？我家太公嚮往您很久了！」說畢，就請老人坐上特別爲他準備的馬車，文王親自駕車，一同回到岐山的京城去。回去後就拜老人做了國師，叫他作「太公望」。

太公望本姓姜，所以人們又叫他作姜太公。他的祖先據說曾經幫助大禹平治洪水有功，封在呂這個地方，又叫呂尙或呂望。

關於太公遇文王，還有一些奇聞異說：有說他一連在渭水邊釣了三天三夜，沒有得到一條魚，後來有個農夫告訴他釣魚的方法，他便照著農人的方法去試，果然不久就釣到一條鯉魚，剖開魚肚，裡面有一個布捲，寫著「呂望封於齊」幾個字。還說他釣魚不用餌，願者上鉤，卻連釣了五十六年都沒有得到一條，最後釣到一條大鯉魚，肚子裡面有一塊兵印。種種紛歧的傳說，無非表明太公遇文王，是最爲人們所樂道的。

太公遇文王以後，據說文王最初叫太公到灌壇地方去做個小官，一年以後，他把那地方治理得平靜無事，連風浪都很知趣，吹響樹枝大的風都沒有發生過。一天晚上，文王夢見一個非常豔麗的婦人，攔住他的去路痛哭。文王問她為什麼哭，她說：「我是泰山山神的女兒，嫁給東海海神做妻子，現在要回婆家去，卻被灌壇地方的官長阻擋了我的歸路。因為我一出行定有飄雨暴風伴隨，若是眞的刮起風雨，又怕損毀那位官長的好名聲，犯了過錯，受天帝處罰。若是不刮風下雨，我又走不了路，所以兩難。」文王醒來，覺得奇怪，就把太公召來，問他這事的原委。太公正不知如何回答是好，果然有一來報說：有很大的風雨從太公管轄地方的邊境經過。文王於是便升太公為大司馬職。

周文王自從得到姜太公，把附近的幾個小國都吞併了，從岐下遷都到豐，這一遷都使周民族的勢力向東進展了幾百里，一步步逼向紂的京城朝歌。有人把這種情況告訴紂，昏君居然說：「我做天子就是有天命的安排，諒他也不能把我怎樣！」於是照常淫樂，全不理會。

抱著願者上鉤心態的姜太公，真的釣到大魚了。

仁者之師周武王伐紂

遷都後不久，周文王就死了，他的兒子發繼承王位是爲周武王。姜太公仍任國師。

武王發的牙齒是駢生的，據說這是象徵一種剛強的個性。果然，在即位不久，他就決定興兵伐紂。但出兵前的卜卦，得的兆象卻是大凶，文武百官正在猶豫，果敢明決的姜太公忽然從人群中走出來，用手將龜殼和耆草從神案上一把掃下來，憤憤地拿足去踩那龜殼，大聲說道：「枯草死骨，能夠知道什麼吉凶！出兵，出兵！不要爲了這鬼東西妨礙我們的正事！」武王一見太公這種勇氣和精神，非常歡喜，馬上傳令叫三軍啓程。文官武將見國君和太師都一無所懼，剎那間又都振奮起來，各回軍營去部署一切。

那時文王雖已死，但屍骨還未安葬，武王便叫人裝扮成文王的模樣，坐在戰車上面，用文王的名義號召天下諸侯發兵討紂。天下諸侯紛紛響應，只有伯夷、叔齊這孤竹君的兒子們反勸阻武王不宜興兵。

原來，伯夷、叔齊兩兄弟，誰都不想當國王，彼此推讓王位，結果一齊跑出國外，聽說文王仁義，跑來投誠文王。哪知剛到周國，文王又死了，武王不先安葬父親，就準備帶領大軍討伐殷紂。這舉措讓兩個讓國的賢人君子很不能苟同，便在武王興兵出師的這天攔住馬頭進諫，公然指責武王不仁不孝。武王左右的士兵聽了大動肝火，拿起武器便想懲戒兩人。太公趕忙喝住士兵，說：「讓他們去罷，他們都是好人啊！」便叫幾個人把伯夷、叔齊攙扶著勸離。

於是，武王的軍隊朝東直下，一路幾乎所向無敵，沒有多久就佔領了商朝的西部重鎮雒邑。武王準備在此大興土木，建立周國國都。可是當時正值冬季，天氣非常寒冷，大雪接連下了十多天，雒邑千里冰封，雪深一丈多，整個大地一片銀白。

一天早晨，不知道從哪裡來了五輛馬車，裡面坐著五個大夫裝束的人，停在周武王的營帳外，特地來謁見武王。武王一聽有人在門外等待求見，心裡暗忖：「這天寒地凍的天氣，門外積雪丈許，根本沒辦法騎馬行車，一定是什麼地方來的妖魔鬼怪想加害於我。」武王打算不接見他們，太公從門裡向外張望了一下，說：「大王，您還是去見客人吧，門外雪深丈許，卻沒有車馬走過的痕跡，這幾個人的來歷恐怕非比尋常。」

武王正在躊躇之際，太公想出一條妙計。他立刻派人端了一大缽熱粥到門口，親自打開門把幾個人迎進院子裡，謙恭地說：「諸位見諒，周王身體不佳，怕受風寒不能親自迎見，特地準備了熱粥給大家暖暖身子。」七人喝了粥，姜太公問道：「不知幾位如何稱呼？」騎在馬上的兩個騎士一一介紹道：「最年長的是南海海神，其次是東海海神，再次是西海海神，接下來是北海海神，最後三位分別是：河伯、雨師、風伯。」

太公見今在座的都是有超凡本領、能呼風喚雨的大神，喜上眉梢，一一行過大禮後，便請出武王向他介紹：「這七位大神，分別是南海神祝融，東海神勾芒，北海神玄冥，西海神蓐收，河伯馮夷，雨師泳，風伯姨。」武王聽完大喜，忙給七位大神請座，叫廚子準備最好的酒菜款待他們。

飯畢，武王問道：「各位大神天陰遠來，有什麼見教？」諸神都說：「上天的意思是要興周滅商，謹來接受差遣，願督促風伯雨師，教他們各奉專職，在戰爭中略效微勞。」武王和姜太公高興得不得了，便把他們各自安頓在營裡隨營聽令。

翌日，天氣轉晴，武王便統領著大軍，連夜從孟津渡河而去。那時水靜無波，天上白雲映著月色，明亮如白晝。八百諸侯的軍隊，坐在船上，齊聲唱歌，充滿著一種殺敵致勝的歡樂情緒。船正渡到中流，忽然有一些大蜂，形狀像丹鳥，飛來集結在武王的船上，武王見這些美麗的大蜂很可愛，便叫人拿牠們的形狀畫在軍旗上。後來戰爭勝利了，為了紀念當天晚上的情景，武王便把這條船命為「蜂舟」。

渡過孟津，軍威更是振奮，不久就逼近了紂的都城朝歌，在朝歌以南三十里的牧野安下營寨。第二天早晨天剛萌亮，武王就在牧野向八百諸侯誓師。紂聽說武王大軍到來，也只得親自統率兵馬前來迎敵。

在牧野的戰場上，雙方的甲士和戰車重重疊疊地排列著，刀光閃閃，殺氣騰騰。還未開戰，天空中就有無數鷹鸇之類的鷙鳥迴旋飛翔，從牠們那飢餓的喉嚨裡發出可怕鳴叫聲，預兆著這裡將有一場伏屍流血的惡戰。

武王的軍隊是正義之師，戰士們爲了除暴安民，全都樂於效死，毫無懼怯。軍隊當中尤其以巴蜀的軍隊最是勇銳，當他們上陣的時候，還吹奏著樂器，載歌載舞，臉上露出眞正的歡容，就像去參加宴會般地一直衝進敵陣，把敵人全不放在眼裡。

紂這邊的軍隊可就不然，他們多半是可憐的奴隸，只是紂的兵力不足，強迫徵調他們來禦敵，他們眼見昏王紂的末日已來到，哪裡還有心思替他拚命。所以當武王左手持著黃金大斧，右手握著懸掛一條白色犛牛尾巴的竹竿指揮軍眾，戰士們萬馬奔騰般地殺上前來的時候，紂的軍隊一下子就潰散了。雖然紂還在土坡上竭力地擂著戰鼓，可是已經止不住奴隸們的倒戈相向了，他們都想把這平時用盡殘酷手段虐待他們的暴君殺死才甘心。這場戰爭，實際上還沒有煩勞風伯雨師等大神的幫忙，勝敗局勢便相當分明了。

紂看見大勢已去，趕緊奔回都城，登上鹿台，把早就準備好的掛滿珠玉衣服穿上，點起一把火把自己燒死了。自焚時在他的內衣裡，還縫了五枚價值連城的美玉，叫作「天智玉琰」，其他尋常的珠玉都在這場大火中燒毀，獨這五枚「天智玉琰」沒有燒燬，而且還保護著紂的屍體，雖燒死卻沒有焦爛。這是關於紂之死最常見的一說。也有說紂是在鹿台的柏樹林裡上吊死的，他的兩個寵妃也跟著他一齊吊死了。更有說城破後紂還想抵抗，可是連他左右的人都不願幫助，他單獨戰鬥了幾陣，結果力氣不支，還是被殺身死。總之，這個殘民以逞的獨夫紂，最後是悲慘地死了，死後還被武王砍下頭顱，懸掛在大白旗的竿頂，公開示眾。

神遊各地的周穆王

周武王伐紂，統有天下，傳到他的曾孫昭王手上時，周王朝的聲威和德望就開始衰微了。那時據說南方有一個越裳國，準備給昭王進貢白色的野雞，因爲路途遙遠，一時還不能送達，愛好遊玩的昭王等不及，就親自率領了一幫隨從，到南方去迎接野雞。沿途國家的人民都受到這些貴賓狠狠的騷擾，大家都討厭他們極了，其中以楚國受他們的騷擾最大，楚人就想出了個計策，等貴賓回程的時候給他們苦頭吃。

不久，昭王和他的大隊隨從帶了幾隻野雞，興奮地回來了。剛走到漢水邊，天色忽然變得陰沉，彷彿馬上要下雨，貴賓們怕下雨淋壞衣服，趕緊擠到楚國人爲他們準備的船隻上。船開駛了。剛開到江心，正是水流最急的地方，忽然一聲爆裂，伴隨無數悲慘的驚呼聲，昭王和其他官員們的船，都一艘艘地崩解爲碎片，頃刻間只見人和車馬、野雞都掉進了江水的急流中，被滾滾波浪捲走了。

原來這就是楚國人所設下的陷阱，他們把膠粘好的船隻奉獻給昭王，船一遇水，凝固的膠溶解成了液體，釀就這場慘劇。可憐的昭王就因爲誤入圈套而死。

昭王死了，他的兒子滿繼位，就是著名的周穆王。穆王即王位時已五十歲，但他仍豪氣萬丈，他見周朝國勢在他父親手上已衰敗，所以自己即位後便四處征討，廣拓疆域。據說穆王命嬰伯爲太僕，協助處理政事，又命造父爲他駕馭八駿馬，能夠日行千里，所以他的車轍馬跡遍及天下各地。

說起穆王這八匹駿馬，來歷可是不凡，牠們是有名的御者造父從夸父山上得來的野馬經過馴養以後獻給穆王的。這些野馬，原是武王伐紂定了天下散放在華山（即夸父山）之戰馬的後代子孫，所以在野性中還保留著祖先的英武氣概。造父不但善於駕車，還善於養馬，八匹駿馬都是他一手調養捕來的。牠們的名字是：驊騮、綠耳、赤驥、白羲、渠黃、踰輪、盜驪、山子。牠們有的奔跑起來能足不踐土，有的則比飛鳥還快，有的一個晚上能跑萬里，有的背上還生有翅膀，能在天空中飛行……等等。造父把八駿馬獻給周穆王以後，穆王就叫人把這些馬在東海島的龍川附近養著。那裡有一種草，名叫「龍芻」，普通馬吃了這種草，一天可望跑一千里，駿馬就更不消說了。古語說：「一株龍芻，化爲龍駒。」就是指這種神奇的草。

周穆王要去巡遊天下，就叫造父替他駕那八匹駿馬拉的車子，帶領了少數的隨從，起程動身前去。路線是從北方轉到西方：他在陽紆山見過水神河伯；在崑崙山遊覽黃帝的宮殿；在赤鳥族接受了赤鳥人奉獻的美女；在黑水封賞了接待他的長臂國人……。然後，八匹駿馬拉的車子載著周穆王一直馳向大地的西極，到了太陽進去的崦嵫山，見著他平時思慕已久的西王母。

穆王手裡拿著白色的圭、黑色的璧以爲贄敬，同時又以錦一百縷，金玉一百斤，獻給西王母，西王母十分高興地接受了，第二天就在瑤池設下筵席款待穆王。隨著神話的演變和發展，本來在《山海經》中「蓬髮戴勝」、「豹尾虎齒」的怪神西王母，經過了一千多年，到了《穆天子傳》中已變成一個雍容華貴的女神，因此在酒席筵前爲穆王唱了一首情詞並茂的歌，歌的內容是這樣的：

白雲在天，山陵自出；道里悠悠，山川間之；將子無死，尚能復來？

穆天子有感於西王母定後會之期的情意，也就很豪爽地回答說：

予歸東土，和治諸夏，萬民平均，吾觀見汝，比及三年，將復而野。

這就是說他尚要回去東土，治理國事，使萬民生活平安均足之後，一定回來相見，回來之後的日子定在三年之後吧。

於是穆王便駕著車子登上崦嵫山頂，在那裡叫人立了一塊石碑，石碑上刻著幾個大字，叫作「西王母之山」，又於石碑旁邊親自栽了一棵槐樹做爲紀念。西王母看到天子對她如此盛意，心裡更爲高興，又賦詩一首，表示他對周穆王的惜別和期望：

徂彼西土，爰居其所；虎豹爲群，烏鵲與處；

嘉命不遷，我惟帝女。彼何世民，又將去子，吹笙鼓簧，中心翱翔，世民之子，惟天之望。

穆天子在這樣殷殷期望之下，依依不捨地返回東土國中。其後穆王是否在三年後履約去見西王母，傳說上沒有說到，不過西王母的故事，卻在歷史上一再出現，而且更富浪漫的氣息。特別是漢武帝與西王母見面的一段，格外動人。

漢武帝登基後，四方安定，百夜興旺。他日夜想著像周穆王一樣到崑崙山去遊玩一番。有天夜裡，他夢見西王母派青鳥來與他約定於七月七日七夕之時相會於漢宮之中。

到了七夕之夜，武帝爲了歡迎西王母的降臨，特地用紫羅來鋪大殿的地板，四周掛上雲錦幃帳，再燒上百種熏香，點燃九光的燈燭，把宮中裝飾得堂皇富麗；同時又準備了很多美食，有玉門的棗、宮監香果、葡萄美酒、天宮的菜饌。武帝自己則穿了盛服，站在宮階之上，敕令宮女太監不要窺視，所以內外一片靜寂，敬候西王母雲駕的光臨。

到了二更時分，忽然見到西南天邊有白雲一朵，鬱鬱然緩慢而來，一直向漢宮中飄來，一會兒，忽然又聽到簫鼓樂聲，以及人馬響聲。又過了片刻，果然西王母的車駕到達，直到宮殿前停下，來的群仙隨從不下千人，群集一起，有的騎著虎、駕著龍，有的乘白麟、白鶴，有的坐著華麗大車，甚或騎著天馬，一時光耀庭宇，燦爛非凡。但是不久，隨從一下就消失無蹤，只見西王母乘著紫雲的輤輦，由一條九色神龍拉著，旁邊則有五十位仙女，隨侍在鸞輿兩旁。這些仙女都長得亭亭玉立，執著綵旄的節，佩著金剛靈璽，戴著天眞的冠冕，在殿前停下來。這時西王母由兩位侍女扶著，款步慢行。這兩位貼身侍女都是十六、七歲的少女，她們穿了青綾衣衫，容眸流盼，神姿清發，實可謂眞正的絕代佳人。

西王母到了殿上，慢慢地向東坐下，這才看清楚她的容貌，她穿著金縷長袍，上面綴滿了五彩寶石，流光四射；儀態端莊肅靜，佩著綾錦大綬，腰上掛著一把銀鞘短劍，梳著烏亮的大華髻，戴著太眞晨纓金冠，腳上穿一雙繡著龍鳳流雲的錦鞋，身材修長得中，天姿掩靄，容顏絕世，看上去只有三十歲左右，眞是難以形容的天靈仙母。

西王母下車後，登上大殿的玉椅而坐，武帝恭恭謹謹地跪下拜問請安，然後站立在一旁，西王母邀他坐下，武帝向南而坐。兩人不知不覺，已聊了好幾個時辰，王母命左右帶來天廚所烹佳餚，請武帝用飯。一落座，武帝見餐桌上盡是從未吃過的美味佳餚，都是些仙境產的果品或肉禽，味道鮮美，入口生香；所飲之酒，香冽無比，入口頓覺神清氣爽。酒足飯飽之時，武帝向王母請教這些菜餚是何物，王母一一作答。人間帝王吃了一頓仙宴，再想起平日所食，眞是無可比擬。

過了片刻，王母又命侍女送上桃果，侍女們遵命，用玉盤送上仙桃七顆，仙桃一顆顆大如鵝卵，渾圓一體，翠色欲滴。王母拿了四顆桃子給武帝，武帝把桃子送入口中，其味甘美無比，吃完後回味悠長，口齒留香。武帝直接把桃核收起來。王母問：「你收桃核有何用？」武帝答：「想留著在人間試種。」王母搖搖頭說：「這仙桃三千年才結一次果實，凡界地薄，不會生長的。」

宴會進行到一半，王母又命宮娥奏樂助興，侍女董雙成吹雲和笙，石公子擊崑庭金石，許飛瓊鼓震靈簧，蕩成君擊崑庭磬，段安香作九天鈞。宮裡歌舞昇平、仙樂飄飄，樂聲響徹雲霄。

西王母與武帝一面飲酒一面閒談，談的都是人世俗事而不涉及鬼神之事，雙方極為融洽，一直到五更時分，西王母才起駕離去。

喪德敗行的周宣王

周穆王以後，傳了幾代，到了厲王手上。厲王為人既貪利又暴虐，結果被人民逐到國外而老死在那裡，這時周王朝也逐漸衰微了。厲王的兒子宣王是一位較好的國君，使得王朝又浮現一些中興氣象。可惜這種現象並不長久，因為政治措施失當，到了宣王晚年漸漸又回復到原來半衰頹的狀態，宣王也有一些喪德敗行的事，所以傳說他悲慘地死在一個復仇的怨鬼手中。

據說有一個杜國的諸侯叫恆的，在朝廷任大夫，因他封於杜，人們又叫他杜伯。宣王有一叫女頎的寵妃，很喜歡年輕英俊的杜伯，想引誘杜伯，卻遭到杜伯嚴厲拒絕。惱羞成怒的女傎便在宣王面前哭訴杜伯對她無禮，宣王信以爲眞，大發雷霆，馬上叫人把杜伯抓起來關在焦地，並命令他的臣子薛甫和司空錡審問杜伯的罪行，一定要把杜伯弄死才甘心。

正在宣王準備羅織罪名以處死杜伯的時候，杜伯的朋友左儒毅然挺身而出，幾次在宣王面前爲朋友申辯力爭。但固執的宣王全然不聽左儒忠諫，反而責備他說：「違背主上，袒護朋友，這就是你的不對了！」左儒回答說：「我聽人說，主上行事有道理，朋友行事沒道理，那麼就順從主上，懲罰朋友；反過來說，假如朋友行事有道理，主上行事沒道理，那麼就只好站在朋友這邊，違背主上了。」宣王聽了勃然大怒，厲聲道：「好大膽子！趕緊收回你所說的話，尙給你生路一條，否則就只有死！」左儒只淡然一笑，說：「我聽說古來節士絕不糊里糊塗去找死，但也絕不輕易改變他的主張以求活命；死就死吧！我將用死來證明我的朋友杜伯確實是無罪的，也將用死來證明主上殺杜伯確實是錯誤的。」盛怒的宣王不由分說，把無辜的杜伯殺了，左儒因爲宣王一定要施逞淫威，不聽忠諫，回到家裡也憤而自殺了。杜伯臨死，恨恨地說：「我是清白無罪的呀！人死後若無知無識也就算了，如果死後有靈，不出三年，我一定要讓主上明白他殺害無辜的罪惡！」

時光如流水，三年匆匆地過去，死者臨終前的話，大家也早就淡忘了。終於到了這樣一天，周宣王會合眾多的諸侯，在國田一帶澤林內打獵，出動了好幾百輛車子，隨從的有好幾千人，旌旗羽旄，滿山遍野都是。到了太陽當頂的正午，忽然在人群和車群當中，出現了一輛奇怪的車子：馬是白色，車也是白色，車上卻坐著一個穿紅衣、戴紅帽、手上拿著紅弓紅箭的人。大家一看，正是死去的杜伯。

杜伯的身形和當年並沒有兩樣，只是臉上顯出一種準備報冤雪恨的肅殺之氣。人們嚇得四下逃散，原野上的車馬紛亂奔馳，杜伯趕著車子直追宣王的坐騎，宣王回頭一看，臉色頓時變得慘白，宣王正想勉強彎弓搭箭，射退這可怕的冤魂怨鬼，哪料到杜伯那風馳電掣般的車子早追上了宣王的坐騎。杜伯這邊弓如滿月，箭似流星，颼地一箭射去，不偏不倚，正中宣王的心窩。宣王捧著箭桿，身子向前仆倒，竟伏在自己的弓頭上不能動彈。陰慘慘的一陣風吹過，怪人的車馬霎時消失無蹤，像蠅附蟻聚般地，奔散四野的諸侯車馬重新聚攏過來，只見中箭的宣王早已氣絕身亡。

烽火戲諸侯的周幽王

宣王死後，他的兒子幽王即位做了天子。那時貴族尹氏正在朝廷專權用事，把國事搞得一塌糊塗，人民心裡難受得像火烤，可是懼怕奸臣的威焰、爪牙的殘毒，只好忍氣吞聲，不敢多說半句話。

尹氏是大族，幾代人沒有分過家，加上家僮奴僕，人口有好幾千，都同在一個大廚房開飯。據說有一年鬧饑荒，這貴族的家庭也略受影響，白米飯一時無法供應，大家只好把鼎鍋湊集起來暫煮幾頓稀飯，一家族喝稀飯時發出的咕嚕咕嚕生響，幾十里外都能聽見！又有一回即將開飯，一清點人數，突然少了三十餘人，原來他們跑到一口鍋的鍋底，拿著鋤鏟子在那裡挖掘鍋底的稀飯，因爲鍋子太大了，人跑進去就看不見了，難怪找半天不見人影。由這些傳說可想見當時尹氏的家族是如何的烜赫了。

由於奸權當道，政治紊亂，民不聊生，更有一些奇異的傳聞，流傳後世：如周族的發祥地岐山居然崩塌了；從岐山發源的涇水、渭水、洛水也都一齊乾涸；還有，溫和的牛忽然變成兇猛的老虎，一群羊也忽然變成一群狼，以至於人民在洛水南岸築起一座「避狼城」來躲避這些吃人的兇狼……等等。這些災變都是一個王朝將要滅亡的徵兆，因此有些史冊把這些神話傳說慎重地記載下來，以警示後人，做爲鑑戒。

周幽王對這些災變充耳不聞，仍舊重用奸小，享樂如昔，再加上這時候他又在後宮發現了一個絕端貌美卻落落寡歡的女子「褒姒」，幽王被她特殊的氣韻所吸引，每天爲了使她開心歡樂，想盡辦法討好她，更無暇顧及軍國大政了。

關於褒姒的身世，有則十足中國式「潘朵拉之盒」的傳說：相傳在夏桀王末年，一天，突然在夏王的宮殿裡落下兩條神龍，牠們說：「我們是褒國兩個先世的君主。」說完就再也不吭聲了。夏王十分驚詫，連忙向神靈問卜，卜算結果是請神龍留下龍涎並妥善保管才是吉利的，於是夏王照做了。就這樣接連幾代，這個盛裝有龍涎的金盒，沒有人敢打開來看。後來傳到了周厲王（周幽王的祖父）手中，這個膽大妄爲的天子一時好奇，打開了「潘朵拉之盒」。這時，龍涎流出，刹那間化成一條蜥蜴，飛也似的竄入皇宮。結果，被一位宮女撞著，從此便懷了孕。周厲王因她無夫而孕，將她囚在冷宮，直到四十餘年後，周宣王（周幽王的父親）統治時期才生下那個女嬰。當時有一首童謠唱道：「桑木的弓喲，箕木的袋，亡掉周國的一定是它！」宣王聽到後召來太史，太史說將有女人肇禍，是滅亡周朝的元凶。宣王立刻派人找那個女嬰，卻找不到了。原來這女嬰雖丟入河中，卻沒有被溺死，被一個路過的男子拾去，養了幾年，因家窮就送給褒國一個叫褒大的人做養女，取名褒姒。

後來褒國觸犯了周幽王，獻出褒姒來免罪。這樣，褒姒又回到了龍涎的故鄉——周都鎬京。

褒姒生性不喜歡笑。儘管幽王對她百般寵愛，仍然沒有見她露出一次笑容，這使幽王十分遺憾，深感美中不足。在多方努力均告失敗之後，幽王下令「千金買笑」，說誰能出主意讓褒姒一笑，便賞給千金。

這時有個叫虢石父的，他向幽王建議：「可利用舉烽火假報軍情，召來諸侯兵馬讓他們白忙一場，以此博王妃一笑。」幽王大樂，認爲此計不錯，就這樣，他們帶著褒姒上了驪山。

驪山烽火台被點燃了。在漆黑的夜空裡，濃煙滾滾，火光沖天，同時幾十面大鼓擂得震天響，京畿一帶的各諸侯大驚，火速集合軍隊，沒命地朝驪山衝來，以爲敵人已經在驪山圍住天子了。一時之間，人喊馬嘶，氣氛緊張，一副如臨大敵狀。可是，各路諸侯和駐軍將領們氣喘吁吁衝到驪山時，卻沒見到半個敵人的影子。驚疑之際，只見幽王派人下山對他們說：「沒有敵人入侵，只是試試烽火台是怎麼回事罷了，各位回去吧！」諸侯們莫名其妙白忙一場，心中暗罵，仍只得無精打采各自打道回府。看著這些被捉弄的諸侯們的模樣，高台上的褒姒禁不住哈哈大笑。這一笑，使得盼望見到美人笑臉、如同久旱盼甘霖的幽王喜出望外，開心至極。而虢石父當然得到了他那份千金重賞。

隔了一年，褒姒生了個兒子，叫伯服。周幽王爲了討褒姒的歡心，把原來的王后和太子宜臼廢除，改立褒姒爲王后，伯服爲太子。宜臼怕自己進一步受到迫害，就逃到外祖父家申國去。

年邁的申侯，因惱怒褒姒讓自己的女兒被廢，外孫又被奪去太子位，決定借助犬戎的力量復仇。幽王十一年（公元前七七〇年），申侯聯合犬戎大軍，進攻幽王。犬戎軍很快就打到京城鎬京，鎬京並沒有多少守衛部隊，抵擋不住。嚇得魂飛魄散的周幽王趕緊命令點燃烽火，敲響大鼓，號召諸侯起兵救駕。可是，這一回卻連一兵一卒也沒見到——諸侯們不願再次上當，成爲別人的笑料。幽王眼見大勢已去，連忙棄了京城，帶著心愛的褒姒和太子伯服，還有虢石父，一起逃到驪山。

犬戎兵馬很快破了京城，攻下驪山，把周幽王父子給殺了，褒姒被擄走，不知所蹤，西周就此滅亡。後人有詩諷喻「烽火戲諸侯」的故事：

良夜驪宮奏管簧，無端烽火燭穹蒼。
可憐列國奔馳苦，止博褒姒笑一場。

公元前七七〇年，眾諸侯擁護太子宜臼做天子，是爲周平王。平王爲了躲避一天比一天強大的犬戎來犯騷擾，將都城東遷至雒邑，社會開始動蕩，王室威權漸次衰落，各地強大諸侯如齊、晉、楚、吳、越等國展開激烈鬥爭，形成「春秋五霸」局面；至公元前五世紀末，田氏伐齊，韓、趙、魏三家分晉，各國兼併尤烈，進入爭戰空前的「戰國七雄」時代；由於春秋戰國時代開始有了較詳細而眞實的歷史紀事，神話和傳說時代也隨而結束了。

烽火戲諸侯之後終於讓周幽王也自食惡果了。

國家圖書館出版品預行編目資料

中國神話故事【更新版】／黃晨淳、廖彥博編著
—— 四版. ——臺中市：好讀出版有限公司, 2024.12
面：　公分，——（神話誌 ；5）

ISBN 978-986-178-741-1（平裝）

1.中國神話

282　　　　113015622

好讀出版

神話誌　5

中國神話故事【更新版】

作　　者／黃晨淳、廖彥博
內頁繪圖／三娃
總 編 輯／鄧茵茵
文字編輯／莊銘桓、鄧語葶
美術編輯／林姿秀
發行所／好讀出版有限公司
台中市407西屯區工業30路1號
台中市407西屯區大有街13號（編輯部）
TEL:04-23157795 FAX:04-23144188　http://howdo.morningstar.com.tw
（如對本書編輯或內容有意見，請來電或上網告訴我們）
法律顧問　陳思成律師

填寫讀者回函
好讀新書資訊

讀者服務專線／ TEL：02-23672044 / 04-23595819#212
讀者傳真專線／ FAX：02-23635741 / 04-23595493
讀者專用信箱／ E-mail：service@morningstar.com.tw
網路書店／ http : //www.morningstar.com.tw
郵政劃撥／ 15060393（知己圖書股份有限公司）
印刷／上好印刷股份有限公司
如有破損或裝訂錯誤，請寄回知己圖書更換

四版／西元 2024 年 12 月 1 日
定價：200元

Published by How Do Publishing Co. ,LTD.
2024 Printed in Taiwan

ISBN 978-986-178-741-1